KB117360

그림으로 떠나는

금강산 여행

손안의 통일 ⑩

그림으로 떠나는
금강산 여행

: 화폭 속 화가의 발자취를 따라

박계리 지음

이 책은 통일교육원과 열린책들이
함께 기획·제작했습니다.

손안의 통일

이 책은 실로 꿰매어 제본하는 정통적인 사철 방식으로 만들어졌습니다.
사철 방식으로 제본된 책은 오랫동안 보관해도 손상되지 않습니다.

〈손안의 통일〉 시리즈를 발간하며

여행 좋아하시나요? 스위스 출신의 영국 작가이자 철학자인 알랭 드 보통Alain de Botton은 〈행복을 찾는 일이 우리 삶을 지배한다면, 여행은 그 일의 역동성을 그 어떤 활동보다 풍부하게 드러내 준다〉라고 했습니다. 갑자기 행복을 찾으러 여행 가고 싶어지지는 않으셨나요?

여행 이야기를 꺼낸 것은 여행과 평화·통일이 비슷한 점이 많아서입니다. 여행은 그 과정에서 많은 사람을 만나고, 다양한 것을 체험하면서 완성됩니다. 평화·통일 역시 어느 한순간에 만들어지는 것이 아니라, 평화·통일을 향한 작은 과정 하나하나가 모여 달성됩니다. 또한 여행은 돌발 상황이 발생하는 등 그 과정이 순탄치만은 않습니다. 평화·통일로 가는 길 역시 평탄한 도로 위만 달리는 것은 아닙니다. 마지막으로 여행과 평화·통일 모두 목적지가 있다는 것과, 끝난 뒤 돌아보면 힘들었던 기억은 좋은 추억이나 성장의 토대가 된다는 점도 닮았다고 생각합니다.

그런데 여행과 평화·통일 사이에는 큰 차이점도 있습니다. 가장 대표적인 것이 바로 〈재미〉의 유무입니다. 요즘 여행을 가면 블로그 등을 통해 미리 맛집이나 명소도 알아보고, 현장에 가서 예쁘게 사진을 찍어 SNS에 올리기도 합니다. 이 모든 과정이 귀찮고 번거로울 수도 있지만, 사람들은 이를 재미있는 놀이로 즐깁니다. 그러나 평화·통일이라는 이야기를 듣는 순간, 〈아, 또 뭔가 고리타분하고 재미없는 이야기를 하겠구나〉 싶어 지레 겁을 먹고 귀를 닫는 경우가 많습니다.

「우리의 소원은 통일」이라는 노래가 널리 알려져 있지만, 왜 평화·통일은 이다지 재미없고 관심도 없는 일이 되어 버렸을까요? 지난 수십 년간 평화·통일을 교육하고 강조해 온 입장에서 스스로를 돌아보게 만드는 질문입니다. 평화·통일은 우리의 일상 속에 자리 잡고 있는 것임에도 불구하고, 교육을 한다면서 고담준론(高談峻論)의 성(城)에 이를 가두어 둔 것은 아닌지, 장벽을 높게 쳐버린 것은 아닌지 반성을 해봅니다.

〈손안의 통일〉은 이런 반성에서 출발하여 기획되었습니

다. 딱딱하고 재미없을 것만 같은 평화·통일 문제의 장벽을 낮춰 보고자 합니다. 그리하여 누구나 편하게 느끼고 쉽게 다가갈 수 있도록 했습니다.

기존 정치·군사 문제 중심의 평화·통일 이야기를 역사·여행·예술·미디어 등 다양한 소재를 통해 바라보고자 합니다. 일방적으로 지식을 전달하는 방식에서 벗어나, 많은 사람들이 궁금해하는 이야기를 쉽고 재미있게 풀어내어 대중의 감성에 맞도록 전달하고자 합니다. 〈손안의 통일〉이라는 말 그대로 실제 손에 잡히는 실질적이고 구체적인 평화·통일 이야기를 담아내겠습니다. 가볍게 들고 다니며 볼 수 있는 크기로 제작되지만, 그 내용과 고민은 결코 가볍지만은 않을 것입니다.

오늘날은 〈평화가 일상이 되는 시대, 통일을 마중 나가는 시대〉라고 할 수 있습니다. 그런 시대를 맞아 〈손안의 통일〉은 여러분을 평화·통일로 초대하는 초청장이자, 평화·통일이라는 복잡한 길을 안내해 줄 좋은 여행서가 될 것입니다. 이제, 함께 여행을 떠날 시간입니다. 평화·통일의 길 위에서 많은 것들을 보고 배우며, 그 과정을 즐길 수 있기를, 그리고 훗날 이 모든 것들이 좋은 추억이자 성장의 토대가 되기를 바랍니다. 나아가 일상에 스며든 통일과 평화

에 대한 감수성으로 모든 세대가 평화롭고 행복한 통일을
꿈꿀 수 있기를 기대해 봅니다.

2020년 12월

통일교육원장 백준기

며칠 전 강원도 고성에 있는 금강산 전망대와 829GP에 다녀왔다.

9·19 군사합의를 통해 남과 북은 공동경비구역(JSA)을 비무장화하고 상호 감시 초소(GP) 일부를 시범적으로 철거했다. GP는 조준 사격이 가능할 정도로 가까운 곳부터 철거했다. 대부분은 폭파시켰지만, 한 개는 상징적인 의미로 불능화시킨 후 모습을 유지해 놓았다. 비상주 GP라고 부르는 이곳 또한 역사적 산물이기에 그 공간이 존재함으로써 후대에게 줄 수 있는 교훈 또한 많기 때문일 것이다.

그러곤 평화를 찾은 DMZ를 국민에게 돌려준다는 상징적인 의미로 〈평화의 길〉이 만들어졌다. 나는 평화의 길에 비상주 GP까지 포함시키는 준비를 하기 위해서 현장 조사차 가는 길이었다. UN 관할 아래 있는 이 GP로 아침부터 이동하기 위해서 전날 이미 동해에 내려와 있었는데, 연락이 왔다. 얼마 전 폭우로 이동로 중 일부 구간의 상태가 좋지 못하다며 왕복 3시간 정도를 걸어서 이동할 수 있겠느냐는 물음이었다.

결국 나는 헬멧을 쓰고 방탄조끼를 입고 왕복 3시간이 넘는 길을 걸어서 북한과 겨우 2킬로미터 떨어져 있다는 비상주 GP에 도착했다.

보통 등산로는 구불구불 산을 돌아 올라가는 완만한 경사로이지만, 이 길은 군사 작전을 위해서 차로 이동하도록 길을 낸 것이었다. 직선거리를 따라 가장 효율적으로 낸 도로답게 가팔랐다. 앞뒤로 총을 들고 무장한 군인들이 우리 일행을 엄호해 주었다. UN 쪽에서도 담당 군인이 나와서 우리를 이끌었다.

걸을수록 방탄조끼는 점점 무거워졌고 헬멧에 마스크까지 하고 있어, 평상시 숨 쉬기 운동밖에 하지 않던 나는 숨소리가 헉헉 거칠어졌다. 땀을 쏟아 내면서, 이 땅이 정전 중이라는 사실을 몸으로 각인하는 순간이었다. DMZ 안을 걷는다는 것, 너무도 평범한 움직임인 〈내 땅을 나의 두 발로 걷는다는 것〉이 이토록 가슴 시린 일인지 가슴보다 몸이 먼저 깨닫고 있었다. 내 몸의 오감이 세포 하나까지 깨어나고 있었다.

걸으면서 보는 숲과 바다는 너무도 아름다웠다. GP에서 서로의 적을 응시하며 총을 겨누었던, 이곳의 역사를 다 지켜보았을 저 나무들이 너무 아름다웠다. 이 역설의 의미는 무엇일까? 걷는 행위는 〈달리기〉와 달라서 사색의 세계로 나를 인도하고 있었다.

힘들게 비상주 GP에 도착했는데, 안으로 들어가지는 못했다. UN사와의 협의가 아직 남아있기 때문인 것 같았다. 그 비상주 GP 뒤로 가득 손에 잡힐 듯 금강산이 보였다. 내금강의 토산과 외금강의 암산이 정선의 그림처럼 서 있었다. 2시간 가까이 걸어오는 내내 옆에 있었던 남쪽의 산들도 단풍이 들어서 화려하게 빛나고 있었다. 그러나 금강산이 앞에 나타나니 그 존재감이 달랐다. 금강산은 군더더기가 없었다. 화려하진 않지만 절제된 위엄과 따뜻한 포옹이 공존하고 있었다. 금강산이, 비상주 GP 앞에 멍하니 서 있는 나에게 말을 건네 오는 듯했다.

〈괜찮아.〉

금강산 전망대에 이르니 외금강, 내금강뿐만 아니라 해금강의 구선봉과 감호가 너무도 선명하게 보였다. 지난번

왔을 때는 안개가 자욱이 끼어 아무것도 볼 수 없었는데, 오늘은 자연이 나를 허락했다. 역시 구선봉은 아홉 명의 신선이 바둑을 두면서 놀 만한 아름다운 바위였다. 정말이지, 바로 눈앞에 있었다. 계속 걸었던 아픈 다리에 불쑥 다시 힘이 들어갔다.

우리 선조들은 왜 그토록 금강산에 가고 싶어 했을까? 평생 꼭 한 번만이라도 가보고 싶어 했던 산. 정선, 김홍도 등 기라성 같은 화가들도 금강산 스케치 여행을 갔다 온 후 그림이 확 풀리면서 역사에 남는 대작을 만들어 냈다. 금강산은 어떠한 영험한 기운이 있는 곳일까?

전통 시대에도 평생 한 번만이라도 꼭 가봐야 할 산이 금강산이었다. 하지만 교통이 불편해서 갔다 오려면 꽤 오랜 시간을 내야 했고, 생업에 종사해야 했기 때문에 실제로는 갔다 오는 것이 쉽지는 않았다. 그럼에도 금강산을 다녀오고 싶어하는 사람들은 〈와유(臥遊, 누워서 유람하기)〉라는 방식을 생각해 냈다. 금강산에 다녀온 화가들이 그린 산수화를 펼쳐 놓고 그 그림을 통해서 금강산을 유람하는 것이다. 눈으로라도 걷고 싶은 산이었던 것이다.

지금 우리 앞에 놓여 있는 분단선은 금강산을 걸어서 오를 수 있는 우리의 권리를 박탈해 갔다. 그래서 이 책을 통해 옛 선배들처럼 〈금강산 와유〉, 누워서 금강산을 유람해 보려고 한다.

전통 시대 사람들이 금강산 기행을 갔을 때 다녔던 길을 따라 내금강, 외금강, 해금강을 둘러볼 것이다. 그 그림을 따라 금강산을 눈으로 걸으며, 그렇게라도 금강산에 가서 우주의 기운을 느끼며 자신을 관조하고 인생의 의미를 사색했던 선조들의 마음을 느껴 보고자 한다.

통일은 거창한 미래에 오는 굉장한 것이 아니라, 이 책을 들고 다시 금강산을 걸을 수 있는, 소중한 일상의 평화가 복원되면서 시작되는 것이라 믿는다.

금강산에 꼭 가보고 싶은 이유는, 금강산이 북한에 있어서가 아니다. 금강산이기 때문이다.

2020년 12월 북한산에서
통일교육원 교수 박계리

내금강 유람 경로

🏔 비로봉
🏔 금사다리, 은사다리

卍 수미탑   卍 마하연 터   卍 묘길상

卍 원통암 터

진주담 ⬤   卍 보덕암

분설담 ⬤

천일대
🏔   🏔 백화암 부도   卍 다보탑
卍   卍
정양사 표훈사   🏔 삼불암
헐성루   🏔 명경대
⬤   卍 영원암 터
명연(울소)

장안사 터 卍

🏔
단발령

외금강 유람 경로

구연폭포
두줄폭포
쌍학소
은선대
바리폭포
십이폭포
흰비단폭포
선담
누운폭포
송림사 터
발연사 터
무지개다리
바리소
유점사 터
해금강

해금강 유람 경로

영랑호

감호 ▲ 구선봉

현종암 卍

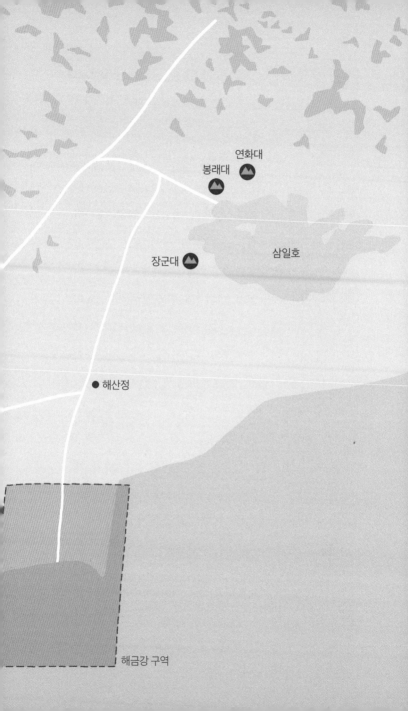

통천군 유람 경로

시중호

사도 동덕도 천도

통천삼도

● 총석정

통천군

● 금란굴

금강산
국립공원

차례

2부 누워서 유람하는 외금강

3부 누워서 유람하는 해금강

들어가며
금강산을 걷는다

생각해 보니 12월 27일이었다. 시간이 이렇게 지났는데도 선명하다. 아침 일찍 광화문에서 관광버스를 타고 강원도 고성 남북출입사무소까지 가는 동안은 그저 담담했던 것 같다. 아직 아무런 실감이 나지 않았다.

남북출입사무소에 도착하자 조금씩 생경해지기 시작했다. 공항에서 외국으로 출국할 때처럼 신원을 확인하고 가방을 검색하는 일련의 흐름 앞에 〈출경〉이라고 쓰인 표지가 눈에 들어와 잠시 발걸음을 멈추었다.

「출경? 무슨 뜻이죠?」

「국가에서 국가로 넘어갈 때는 출국이지만, 남한과 북한 관계는 그러한 관계가 아니라서 〈출국〉 대신 〈출경〉이라는 단어를 사용합니다.」

경계 밖으로 나간다는 뜻이다. 출국이 아닌 출경의 순간에 내가 서 있다는 것. 분단선을 건넌다는 것이 이제야 실감나기 시작했다.

잠시 뒤 주최 측이 휴대 전화를 수거해 갔다. 북한 지역에서 휴대 전화를 사용하지 않기로 약속되어 있다는 이야기를 전해 주었다. 한 번도 가본 적 없는, 세상과 차단되어 접촉할 방법이 없었던 북한 땅에 들어간다는 것에 대한 실감은 아이러니하게도 휴대 전화라는 전자 기기가 내 손에서 사라졌을 때부터 들기 시작했다. 내가 알던 모든 사람들과 지금 이 순간부터 단절되겠구나. 휴대 전화 없이 시작되는 여행. 세상과 단절된 채 새로운 세상으로 건너간다는 긴장감과 흥미로움은 그렇게 내게 다가왔다. 아날로그의 세상으로 다시 들어간다는 낭만적 향수가 긴장감과 함께 설렘을 주었다.

금강산행 고속버스가 한참을 달리자 비로소 어젯밤에 읽은 금강산의 〈토끼바위〉 전설 생각이 났다. 하늘나라에 살던 토끼가 금강산에 내려와 하늘의 세계에서 상상도 못했던 절경을 보고 눈이 휘둥그레졌고; 결국은 금강산을 감상하다 그 자리에서 굳어 버렸다는 이야기였다. 과연 금강산은 그토록 아름다울까?

금강산에 도착하자마자 첫 스케줄은 금강산 문화회관에서 교예단의 공연을 관람하는 것이었다. 금강산 문화회관 앞마당에서 건물들 사이로 보이는 산자락에 자꾸 시선이 갔다. 이 낯설고도 익숙한 건물들 사이에서 북한 땅을 밟는다는 긴장감과 북한에서 살고 있는 사람들의 공연을 보게 된다는 묘한 설렘 속에서, 금강산의 한 자락이 이곳까지 마중 나와 온기 어린 뭉툭한 손을 내게 내밀고 있는 듯했기 때문이다. 덕분에 조금은 편안해진 마음으로 문화회관 안으로 들어갔다.

북한의 서커스 실력은 이미 여러 차례 들었다. 너무 열심히 연습만 해서 기계처럼 한 치의 오차도 없이 교예를 한다는 소문이 자자했다. 소문대로 그들은 잘했지만, 가장 고난도의 공연을 선보일 때는 우리 역시 긴장했다. 왼쪽에서 여성이 몸을 날려 오른쪽에서 리듬을 맞추는 남성의 손을 잡는 최고난이도 교예를 펼치는 과정에서 생각지도 않던 실수가 나왔다. 여성은 밑으로 추락했고, 그물에 걸렸다. 우리는 모두 숨을 멈췄다. 헌데 그 여성은 다시 허공에 매달려 있는 계단 줄을 걸어 올라갔다. 〈설마〉 하는 순간, 또다시 그녀는 몸을 날렸고 스치듯 상대편의 손을 지나쳐 다시 그물 위로 곤두박질쳤다. 생각지도 못한 순간이었다.

들어가며

이 위태로운 순간에 관중석의 우리는 이번에는 〈제발!〉 하고 마음을 모았던 것 같다. 3번째 시도. 그리고 성공. 관중석에서 환호성이 터져 나왔다.

그 순간 그 자리의 우리는 모두 한마음이었던 것 같다. 남과 북으로 나누어지지 않고 한마음으로 하나의 소원을 빌었다. 같이 안타까워했고, 같이 행복해하면서 환호성을 질렀다. 그 짧은 순간이 짜릿했다.

그렇게 북한 땅에서의 하루가 시작되었다.

장소가 우리에게 주는 영향력은 생각보다 강하다. 몸으로 온전히 전달되는 장소의 정체성은 내 몸의 모든 감각을 깨우고 있었다. 여행이 매력적인 이유일 것이다.

교예단 공연을 보고 저녁 식사를 하러 금강산에 있는 옥류관을 향했다. 건물에 들어서자 금강산을 담은 회화 작품들이 벽면에 가득했다. 백호미술창작사에서 2005년 7월 집체 창작을 통해 제작된 총석정을 그린 작품은 한눈에 시선을 사로잡았다. 과거부터 현재까지 해금강의 총석정을 그린 미술 작품들은 무수히 많지만, 이렇게 화면의 주제가 파도인 것은 없었다. 총석정을 그렸으나 이 작품의 주제는 총석정을 향해 세차게 달려오는 파도의 기백과 기상이었다. 맑으면서 깊은 옥빛 파도의 꿈틀거림이 피부로 전달되

옥류관에 걸린 회화 작품 「총석정」(위)과 「금강산 연주담」(아래). 백호미술 창작사에서 집체 창작을 통해 제작되었다.

는 듯해서 한참을 바라보았다.

다른 벽면에는 금강산 연주담을 그려 낸 작품이 걸려 있었다. 백호미술창작사 23명 미술가들이 함께 만들어 낸 작품으로, 맑고 깊은 연주담의 신령스러운 기운이 가득했다. 이 작품에는 바위의 차가운 물성과 꽃의 화사함, 산속 깊은 곳에서 흘러나오는 옥빛 물의 청아함이 눈앞에 손을 내밀면 피부에 닿을 듯 묘사되어 있었다. 다음 날 아침 저 산속으로 걸어 들어갈 내 모습을 이 작품 위에서 상상했다. 〈신령스러운 산이란 이런 느낌이었구나!〉 작품 가까이 다가가면, 그 산속으로 깊숙이 들어가면 들어갈수록, 실재감이 더 강렬하게 다가왔다.

북한에서는 실내를 꾸밀 때, 옥류관의 내부 모습처럼 벽 전체를 하나의 화폭으로 삼아 회화 작품을 그려 내는 경우가 많다. 공간 전체가 금강산이 되어 버린 옥류관에서 맛본 냉면은 평양 옥류관보다 좋았다. 내게는 그랬다. 평양 옥류관에서 처음 먹은 북한의 냉면은 생각보다 더 밍밍했다. 냉면 마니아들은 그 밍밍한 맛이 주는 품격에 무릎을 치지만, 서울 냉면에 익숙했던 나는 그 깊은 맛을 알기엔 세월이 좀 더 필요한 듯했다. 그런데 금강산 옥류관의 냉면은 냉면에 촌스러운 미감을 지닌 내게도 맛깔나게 다가왔다. 금강산 그림에 취해서였을까? 냉면 위로 수북한 김치와 수육, 양념장과 무, 계란 지단의 조화가 그날 저녁의 행복한 식감을 제공해 주었다. 담백한 빈대떡과 물김치의 조화도 행복했다.

금강산도 식후경이라고 했던가? 평양에서도 그랬고, 개성에서도 그랬지만, 이곳에서도 반찬(메인 음식 말고도)으로 나오는 김치와 나물들의 맛을 잊을 수가 없다. 재료가 살아있는 느낌이 한동안 입안에 남아 있었다.

다음 날 아침, 일찌감치 외금강 코스를 올라갔다. 목란관을 지나 금강문, 옥류동, 연주담, 비봉폭포를 건너 구룡폭포까지 오르기로 했다. 시간이 지날수록 이곳이 북한의 땅이라는 기억은 희미해졌고, 그토록 가고 싶었던 금강산을 내가 오르고 있다는 생각에 가슴이 벅찼다. 숨소리도 거칠어졌다. 처음엔 욕심이 생겨 이 광경을 카메라에 죄다 담아갈 태세로 열심히 셔터를 눌러 댔다. 하지만 금세 깨달았다. 시선이 위로 아래로, 좌로 우로 흘러가며 얻게 된 이 절경의 미를 시점이 하나로 고정된 한 컷의 사진으로 담기에는 역부족이라는 사실을. 그래서 조선 시대 화가 정선은 위에서 아래로 본 모습, 아래에서 위로 본 모습, 좌우로 둘러

들어가며

본 금강산의 모습을 한 화면 안에 다 표현하는 복합 시점을 사용했던 것일 테다. 사진보다 회화가 유리하다.

그렇게 점점 더 시대를 거슬러 올라갔다.

나보다 앞서 걸어갔던 무수한 선배들, 그 선배들의 선배들, 또 그 위의 선배들은 왜 이 길을 걷고자 했을까? 그들은 무슨 생각을 했을까?

〈당신은 가끔 산에 가나요?〉 누군가 내게 물으면, 〈아니요. 거의 가지 않는 것 같아요.〉 그저 그렇게 가볍게 말하곤 한다. 우리 시대에 이 물음은 그저 〈취미가 등산인가요?〉 정도의 질문이기 때문이다. 전통 시대 문인들 사이에서, 〈당신은 요즘에는 거의 산에 다니지 않는 것 같군〉이라고 누군가 말한다면 그건 어떤 뉘앙스를 갖는 표현일까? 문인들은 왜 산에 가고자 했을까?

그들은 뒷동산에는 잘 가지 않았다. 그 대신 명산을 찾고자 했다. 교통도 발달하지 않은 시기, 그들이 가까운 뒷산도 아닌 높고 험한 산들에 기꺼이 가고자 했던 이유는 무엇이었을까? 그들은 중국의 황산, 우리나라의 금강산 같은 우주의 기운이 가득한 명산 속으로 깊숙이 들어가고자 했다. 그리고 그곳에서 자연을 관조했다.

자연을 관조하면 무엇을 깨달을 수 있을까? 우리나라의

경우 봄이 지나면 여름이 오고, 여름이 지나면 가을, 가을이 지나면 겨울이 온다. 그리고 다시 봄……. 언제나 그렇듯이 매년 그렇게 봄, 여름, 가을, 겨울의 순서로 계절이 돌아온다. 우리의 삶도 그렇지 않은가? 어렸을 때는 매일매일이 달랐던 것 같은데, 대학 시절만 해도 매학기 수많은 일들로 일기장이 가득 채워졌던 것 같은데……. 우리는 어느새 직장인이 되고, 매일 똑같은 일상이 반복된다고 느낀다. 그렇게 느끼고 있는 사람이 지금 당신이라면, 3년 전 사진을 꺼내 보라. 어제의 내 모습과 지금의 내 모습, 지난주의 내 모습과 이번 주의 내 모습이 같다고 느껴지는가? 나도 물론 그렇지만, 문득 3년 전의 사진을 보면 새삼 놀란다. 그사이의 세월이 느껴지기 때문이다. 늘 같은 모습 같지만, 실은 내 모습은 매일, 매순간 변화하고 있었던 것이다. 이 책을 읽기 전의 나와, 읽은 후의 시간에 서 있는 나도 변해 있을 것이다.

자연을 가만히 들여다본다. 나무에 새싹이 돋고, 꽃이 피고, 열매 맺고, 낙엽이 지고, 그 낙엽이 다 떨어지고, 추운 겨울을 견디면, 다시 새싹이 돋는다. 그 새싹에서 잎이 자라 다시 꽃이 피고, 열매를 맺고, 잎에 예쁜 물이 들더니, 그 낙엽이 다시 떨어진다. 이 끊임없는 반복의 순환을 우리는

들어가며

목도할 수 있다. 그리고 이 오랜 세월 동안 지속된 순환 속에서 나무는 키가 커간다. 인간은 어떠한가? 끊임없이 반복되는 삶 속에서 끊임없이 변화하는 인간은 종내 어디로 향하는가? 결국 인간은 죽는다.

자연을 관조하면서 우리가 가장 먼저 깨닫는 것은 이러한 자연의 섭리이다. 끊임없는 순환 속에서 끊임없이 변화해 가는 우리는 결국 죽는다. 자연의 세계 안에서 인간이 얼마나 미물인지 깨닫기 시작하고, 자연 속의 일개 존재일 뿐이라는 인간의 위치를 자각하는 것이다. 자연의 순리를 몸으로 느끼면서 인간이 무한히 살 수 없는 존재임을 자각하고, 그로부터 우리는 우주의 법칙을 깨닫기 위한 첫걸음을 내디딜 수 있다.

그렇다면 우리는 어떻게 살아야 할까? 무엇을 위해 살아야 할까? 다시 땅으로 돌아가 한 줌의 흙으로 남을 나는, 남은 인생을 어떻게 살아야 할까?

이렇게, 산을 오르는 행위는, 자신을 돌아보는 시간이다. 자연의 조화가 가득한 명산을 탐승한다는 것은, 선비들이 자신의 삶을 돌아보고, 스스로에게 묻는 시간이다. 거대한 자연의 호흡 속에서 찰나를 살다 갈 나를 향해 스스로 말을 거는 시간이다.

그래서 선비들이 〈자네는 요즘 통 산에 안 가는 것 같네〉
라고 이야기했다면 이 물음 안에는 자신에 대한 성찰이 필
요하다는 충고가 포함되어 있을 것이다. 그 시대에 산을 오
른다는 것은, 특히 금강산 같은 자연의 조화가 가득한 아름
다운 명산을 오른다는 것은, 〈운동〉이나 〈취미〉를 넘어선
행위였다.

금강산을 오르면서, 그 시절 선비들의 모습을 상상했
다. 그리고 그들도 만났을 금강문, 옥류동, 연주담, 비봉폭
포를 내 두 다리로 걸어가 만났다. 12월 말 추운 겨울인데,
연주담이 나를, 비봉폭포와 구룡폭포가 나를 따뜻하게 품
어 주는 것을 느꼈다. 그 오랜 시간 그곳에 있었을 그들이,
내게 전하는 그들 각각의 바위 주름만큼이나 긴 역사를 만
났다.

이날 저녁, 나는 마침 이곳 금강산에서 특강이 잡혀 있었
다. 선조들의 금강산 탐승 역사에 대해 선배 화가들의 그림
으로 이야기하면서 다시 그 역사 앞에 서게 되었다. 지금
부터 다시 그 이야기를 해보려고 한다. 선조들이 걸어갔던
탐승길을 따라 그림으로 금강산 여행을 떠나 보는 이야기
이다.

이 책을 읽는 분들은, 비스듬히 누워서 함께 금강산 여행

을 떠나 보기 바란다. 교통이 발달하지 못했던 전통 시대에는 금강산에 가기가 쉽지 않았음을 우리는 능히 짐작할 수 있다. 그럼에도 〈요즘 통 산에 다니지 않는다〉는 이야기를 참을 수 없었던 선비들은 직접 금강산에 가는 대신 금강산 그림을 펼쳐 놓고 실제로 금강산에 간 듯이 자연을 관조하고 자신을 돌아보는 일련의 수행을 하곤 했다. 그것을 〈와유(臥遊)〉 즉 누워서 하는 유람이라고 한다. 지금은 가보고 싶어도 갈 수 없는 곳. 그래서 금강산 와유를 먼저 시작한다.

더 읽어 보기: 신계동 〈토끼바위〉 전설 — 처벌받은 토끼[1]

옥류동의 입구인 금강문에 채 못 미처 만경다리가 있는데 여기서 남쪽을 바라보면 세존봉의 웅긋쭝긋한 봉 말기마다 기암괴석이 하늘을 배경으로 여러 가지 모양을 나타낸다. 그 가운데서 특별히 눈에 띄는 것이 대가리는 토끼 모양을 하고 몸뚱이는 거북 모양을 한 토끼바위이다. 이 바위에는 처벌받은 토끼에 대한 전설이 깃들어 있다.

금강산이 천하절승(天下絶勝)이라는 소문은 하늘 세계에도 일찍부터 알려졌다.

그리하여 더운 날에는 선녀들이 팔담에 내려가 목욕을 하고 옥녀 세두분이 가서는 곱게곱게 얼굴 치장을 한 다음 돌아가곤 하였다. 이때로부터 금강산에 대한 소문은 하늘 세계에 더욱 자자하게 퍼졌으며 누구나 단 한 번만이라도

[1]   리용준 외, 『금강산 전설』, 사회과학출판사, 2004, 67~68면

금강산을 보았으면 원이 없겠다고들 말하였다.

더욱 안달이 난 것은 성미 급한 토끼였다. 토끼는 달나라에서 더는 절구통 찧을 생각이 나지 않았다. 단 한 번만이라도 금강산 구경을 하고 와야 일이 손에 잡힐 것 같았다. 그래서 그는 옥황상제를 찾아서 이 절절한 소원을 터놓았다.

「옥황상제님, 듣건대 조선 땅에는 금강산이라는 이름난 명승지가 있다고 하온데 이 토끼도 한번 가보고 왔으면 평생의 소원이 풀릴 것 같습니다. 바라건대 단 한 번만이라도 조선 땅에 내려 보내 주옵소서.」

옥황상제는 그 소원이 하도 간절하기에 쾌히 승낙하여 주었다. 그러되 보름달이 되기 전에 꼭 돌아오도록 하라고 타일렀다. 옥황상제의 승낙을 받은 토끼는 너무도 좋아서 동네방네 뛰어다니며 자랑하였다.

다음 날 토끼는 모두의 배웅을 받으며 금강산에 내려왔다. 먼저 외금강 입구에 와서 세존봉 줄기를 타고 오르다가 금강문 언저리에 이르러 그냥 못 박히고 말았다. 눈앞에 펼쳐진 경치가 너무도 장관이었던 것이다.

천화대는 하늘에 핀 꽃 같고 구슬같이 흐르는 옥류동의 폭포는 무늬 박힌 비단 필을 늘어놓은 듯하다. 맑디맑은 소들, 봉황새 춤추며 나는 듯한 무봉포와 비봉포 그리고 은실 같은 은사류 이 모든 폭포들이 하나로 합쳐 떨어지는 것 같은 구룡연의 장관…… 참으로 장엄한 경관이다. 하늘 세계에서는 상상도 할 수 없는 절경들뿐이다. 눈이 휘둥그레진 토끼의 걸음은 거북보다 떨어지더니 차츰 제자리에 굳어 버린 듯하였다.

황홀경에 빠진 토끼는 날짜가 흘러가는 것도 잊어 버렸다. 어느새 가야 할 날짜도 지나 보름달이 휘영청 동해바다에 떴다. 그제야 〈아차!〉 하고 후회하였으나 때는 이미 늦었다. 이때 하늘에서 옥황상제의 노기 띤 목소리가 드렁드렁 울려 왔다.

「여봐라 토끼야! 너는 예전에도 달리기에서 용궁의 거북이에게 졌거니와 오늘 또 거북보다 느리게 움직였으니 마땅히 거북이로 행세할지어다.」

옥황상제의 명이 떨어지자 토끼의 몸뚱이는 서서히 거북으로 변해 갔다. 그러나 토끼는 이 처벌이 조금도 두렵지 않았다. 달나라에서 절구를 찧는 것보다는 절승경개 아름다운 금강산에서 사는 것이 훨씬 더 좋고 보람차다고 생각되었다. 토끼는 그냥 봉우리 말기에서 절경에 심취한 채 오래오래 앉아 있다가 입을 벌려 〈야!〉 하며 감탄하고 있던 그 모습 그대로 돌로 굳어지게 되었다고 한다.

1부

누워서 유람하는 내금강

역사와 함께 더 깊고 넓게 개척되어 오늘에 이른 금강산의 명승들은 크게 외금강, 내금강, 해금강으로 구분된다. 북한에서는 외금강에 11개, 내금강에 8개, 해금강에 4개, 모두 23개의 명승 구역을 지정하여 이를 관리하고 있다. 1914년 경원선 철도 개통 이후 현재는 동북부의 교통 요지인 원산에 가까운 외금강에서부터 내금강을 거쳐 해금강의 순서로 경로를 안내하고 있다. 그러나 고려나 조선 시대 이곳을 유람하던 선비는 개경이나 한성에서 금성을 거쳐 내금강부터 탐방하거나, 관동팔경이 즐비한 동해안을 즐기며 올라오다가 고성에서 해금강을 통해 외금강과 내금강으로 들어가는 것이 일반적이었다. 이 글에서는 전통적 금강산 유람의 기승전결을 염두에 두고 내금강에서부터 외금강을 거쳐 해금강으로 이어지는 경로를 따라 와유(臥

遊)를 이어 가도록 하겠다.

　내금강은 금강산 주 분수령의 서부에 놓인 지역으로서 금강산의 온유하고 수려한 계곡미를 대표하며, 예로부터 부드럽고 여성적인 미를 보여 주는 곳이라고 일컬어져 왔다. 행정적으로는 금강군이 여기에 해당하며, 만천 구역, 만폭 구역, 백운대 구역, 명경대 구역, 망군대 구역, 태상 구역, 비로봉 구역, 구성 구역 등 8개 구역으로 구분된다. 현재 내금강 탐승은 금강군 내금강리로부터 시작한다.

1
단발령, 금강산 유람의 서막을 올리다

경기 지방에서 출발한 선비들은 현재 휴전선 인근인 철원과 김화를 거쳐 금성에서 금강산 유람을 시작하곤 했다. 그래서 그들에게 금성의 피금정은 금강산 여정의 출발점이자 종착점이란 의미를 띠고 있었다. 금강산 유람을 그린 두루마리의 첫 그림 혹은 마지막 그림으로 금성 피금정이 그려졌던 이유이다.

금성을 나서 유람을 시작한 선비들의 첫 번째 탄성은 바로 금강군과 창도군 사이에 위치한 단발령에 올라섰을 때 나오곤 했다. 신라의 마의태자가 이곳에서 머리를 깎고 승려가 되었다고 하여 단발령이라 불리는 이 고개는 오르내리는 30리가 매우 가파르다. 1349년 8월 금강산을 유람하고 이를 처음으로 기록에 남긴 고려의 이곡(1298~1351)은 단발령에 대해 〈이 고개에 오르면 산이 바라다보이므로

[그림 1] 정선, 「단발령에서 바라본 금강산」, 『신묘년 풍악도첩』, 1711년, 국립중앙박물관

이 고개를 넘어 산에 들어가는 이는 처음에는 험준함을 걱정하지 않지만, 금강산을 다 둘러보고 나와 이 고개를 넘을 뒤에야 힘들다는 것을 깨닫게 된다)고 자신의 경험을 토로하고 있다.

약 400년 뒤 백석공과 함께 36살의 젊은 나이로 이곳을 탐방했던 정선(1676~1759)은 『신묘년 풍악도첩』이라는 진경산수의 기념비적인 작품을 남겼다. 이 화첩에 그려진 「단발령에서 바라본 금강산」을 보자. [그림 1] 화폭은 우하

단의 단발령과 좌상단의 운무에 싸인 공간으로 반분되는데, 멀리 구름을 뚫고 금강산의 일만 이천 봉우리가 하얀 이마를 드러내고 있다. 금강산은 사납고 험준한 모습을 구름과 안개 속에 감춘 채, 멀리서 이리 오라고 손짓하고 있는 듯하다. 단발령의 정상에서 이제 막 여정을 시작한 선비들이 이 장엄한 광경에 홀려 바라보기도 하고 기쁨에 들떠 손으로 가리키며 여기저기서 탄성을 지르는 모습이 생생하다. 어떤 화가가 여정을 시작하는 유람객의 들뜬 흥분을 정선처럼 함축적으로 묘사할 수 있었을까? 이 장면은 금강산 유람의 서막을 상징하는 이미지로 굳어져 큰 영향을 끼쳤다.

정선이 단발령의 이미지를 3인칭 시점으로 정리했다면 거의 90년 뒤 이 고개에 올랐던 정수영(1743~1831)은 단발령의 감흥을 1인칭 시점에서 파노라마식으로 담아냈다.[그림 2] 그는 이 그림의 앞면에 수록된 「동유기(東遊記)」에서 〈새벽에 오던 비가 일찍 개자 재를 넘었다. 재 위에 오르니 일대에 구름이 가로 퍼져 하늘 끝까지 닿아 있어서 어떤 것이 비로봉인지 향로봉인지 구분이 되지 않았다. 보이는 것은 산허리와 산등성이 아래뿐이다〉라고 당시 상황을 기록했다. 실제로 먼 산들은 가위로 자른 듯이 봉우리

[그림 2] 정수영, 「금강전도」, 『해산첩』 제3면, 1799년, 국립중앙박물관

가 잘려 있는데, 이는 구름에 가려진 금강산의 봉우리들을 보이는 대로 그린 것이다. 금강산의 계곡들은 붉은 담채로 점점이 물들어 있는데 청명한 가을 풍악산의 단풍을 실감 나게 전해 준다. 이러한 사실적 태도와 거의 1인칭에 가까운 역삼각형의 주관적 시점은 안개 위로 떠오른 금강산의 이미지를 더욱 박진감 있게 전달해 준다. 정수영은 정선풍의 유행을 따르지 않고 자신이 직접 경험한 대로 금강산을 그려 새로운 개성을 드러냈다.

현재 금강산 여행은 외금강 온정리에서 출발하지만, 필자가 굳이 분단으로 통과할 수 없는 철원, 김화를 거쳐 금성에서 금강산 와유를 시작하고자 하는 것은 바로 이 단발령에서 바라본 금강산 이미지가 갖는 여정의 상징성과 회화적 흡인력 때문이다.

2
장안사, 금강산 유람의 도입부로 들어가다

만천 구역은 내금강리로부터 내금강 금강문까지의 지역을 포괄하는 내금강의 어귀로서 내강동, 금장동, 장안동, 표훈동의 명소들이 있다.

만천과 금장골천의 합수목에서부터 삼불암에 이르는 지역을 포괄하는 장안동에는 장안사 터가 있다. 장안사는 금강산 4대 사찰 가운데 내금강으로 진입하면 만나게 되는 첫 번째 사찰이었다. 장안사를 지나 비로봉 쪽으로 가면 표훈사, 정양사, 마하연, 묘길상 등을 만나게 되며, 내무재를 넘어 외금강으로 가면 유점사와 연결된다.

장안사는 551년에 고구려 승려 혜량이 신라에 귀화하면서 창건했다는 설과 신라 법흥왕 때 창건되었다는 설이 있으며, 이후 773년 진표가 중수했다고 하나 확실하지 않다. 고려 때인 970년 화재로 타버린 것을 982년에 중창했

[그림 3] 정선, 「장안사」, 『신묘년 풍악도첩』, 1711년, 국립중앙박물관

다. 1343년 고려 출신 황후 기 씨(기황후)가 원나라 순제와 태자의 복을 빌며 거금을 보내 금강산 제일의 사찰로 면모를 일신했다. 당시 중창된 건물은 120칸이 넘고 법당을 비롯한 주요 건축은 아름다움이 극에 달했으며, 법당에는 비로자나삼존불과 일만오천불을 봉안했었다 하니 그 장엄한 규모를 짐작할 수 있다. 장안사에는 2층짜리 대웅보전을 중심으로 하는 구역과 2층짜리 사성지전을 중심으로 하는

[그림 4] 정황, 「장안사」, 『연하첩』, 1791년, 국립중앙박물관

두 구역이 존재했으며, 조선 시대에도 1458년(세조 4년) 임금의 후원 등을 통해 7차례 중수·중건이 이루어졌다.

장안사의 구체적인 모습을 최초로 그림으로 기록한 것은 1711년 정선이었다.[그림 3] 그는 이후에도 여러 차례 장안사를 그렸는데, 이 그림에서와 마찬가지로 화면 오른편 아래로 무지개다리 모양이 특징적인 비홍교, 즉 만천교를 두고 그 건너 왼편으로 숲에 둘러싸인 장안사 가람을 배치하곤 했다. 특히 무지개다리 형상의 만천교는 장안사의 아이콘이 되어 정선의 손자인 정황(1735~1800)의 장안사 그림으로 이어졌다.[그림 4] 정황은 이미 오래전에 유실되어 자신은 전혀 볼 수 없었던 만천교를 그림에 일부러 삽입함으로써 장안사의 아이코닉한 이미지를 완성했던 조부 정선을 기념하고, 그에게 이 작품을 헌정하고자 한 뜻을 은근히 드러내고 있다.

한국 전쟁 이전까지 대웅보전, 사성지전을 비롯하여 명부전, 비로전, 어향각, 대향각, 소향각, 해광전, 극락전, 법왕루, 신선루, 만수정, 은주문, 종각, 산신각, 반야각 등 6전 7각 2루 2문과 그 밖에 10여 동의 건물들이 처마를 맞대고 장중한 경관을 이루고 있었으나, 안타깝게도 1951년 완전히 소실되어 지금은 옛 모습을 찾을 수 없다.

3
명연, 패자의 울음과 비극의 전설을 듣다

장안동의 명소인 울소(명연)는 높은 바위벽으로 떨어지는 폭포 밑에 있는데, 소에 떨어지는 물소리가 마치 사람이 우는 소리와도 같다고 해서 그렇게 불린다. 울소에 대해서는 다음과 같은 전설이 전한다.

옛날에 금강산 장안사에는 나옹 조사가 살았고, 표훈사에는 개성 부자 출신 김동 거사가 살고 있었는데 나옹 조사는 자기 뒤를 이을 상좌로서 김동 거사를 점찍고 불교 교리를 가르쳐 준다. 그런데 나옹과 김동 사이에 갈등이 싹터 양자가 장안사와 표훈사의 경계에 있는 문바위에 불상을 새겨서 지는 쪽이 금강산을 떠나기로 했다. 나옹은 바위 앞면에 대형의 삼불을, 김동은 그 바위 뒷면에 60불을 새겼다. 일이 끝났을 때 나옹 조사의 삼불은 걸작으로 상찬을 받았으나 김동의 60불은 기법이 거칠고 제4불은 왼쪽 귀

[그림 5] 정충엽, 「명연」, 18세기 후반, 국립중앙박물관

를 새기지 않는 실수를 저질러 비웃음을 받았다. 결국 김동이 울소로 가 스스로 목숨을 끊고, 뒤늦게 이 사실을 안 삼형제도 울소에 뛰어들었는데 이때 천둥 번개와 함께 폭우가 쏟아졌고 이튿날 비가 그치면서 시체바위와 삼형제바위가 생겼다는 것이다. 이때부터 소에 떨어지는 폭포 소리가 삼형제의 구슬픈 울음소리를 닮아 처량하게 울린다고 해서 〈울소〉라는 이름이 붙여졌다고 한다.

패배자의 비극을 전해 주는 울소의 이야기를 그린 화가는 드문데, 조선 후기 기술직 중인이었던 정충엽(1725~

1800?)은 이 희소한 그림을 두 장이나 남기고 있어서, 김동 거사에 대한 측은지심을 가지고 있었음을 알 수 있다. 그는 정선의 다음 세대 화가로서 정선풍의 활달한 필묵법의 범주 안에서 마치 스냅 사진을 찍듯 인간이 실제 관찰할 수 있는 시야의 범위 안에서 경물을 구성했다. 폭포와 부서지는 물방울을 백색 안료로 돋보이게 그린 점에서 사람이 우는 듯한 구슬픈 물소리가 울려 퍼지는 울소의 현장감이 전달되는 듯하다.

4
삼불암, 승자독식의 기념비를 지나다

산굽이를 돌아 전망 좋은 삼불교를 지나 조금 더 가면 큰 바위에 불상을 새긴 삼불암이 나타난다. 삼불암은 아래쪽의 장안사와 위쪽의 표훈사의 경계에 위치하여 문바위라고도 불린다. 표훈사 김동 거사에 대한 장안사 나옹 조사의 승리의 이야기가 전해지는 삼불암은 장안사의 기념비와 같은 의미를 지니고 있다. 고려 때의 조각 작품인 삼불암에는 앞면에 석가, 미륵, 아미타의 삼존불이, 뒷면에는 60불이 새겨져 있다.

1788년 가을, 정조의 어명을 받고 김응환(1742~1789)과 함께 관동팔경과 금강산을 여행하고 이를 그림으로 남긴 김홍도(1745~1806?)는 9월 15일, 스승인 강세황(1713~1791)과 함께 점심을 들고 표훈사 방면으로 계곡을 따라 이동하다 이곳에 들렀다. 그가 당시 진상했던 어람본 두루마

[그림 6] 김홍도, 「삼불암」, 『해동명산도첩』, 1788년 이후, 국립중앙박물관

리는 남아 있지 않지만 이것을 만들기 위해 현장에서 그렸던 스케치는 남아 있다.[그림 6] 화면 좌측에서 크게 반원을 그리며 오른쪽으로 계곡물이 흘러내리고 있는데, 일행은 오른편 장안사 쪽에서 계곡을 타고 오르다 길옆의 마애삼존불이 새겨진 이곳 바위 앞에 멈추었다. 화면 중앙에는 삼각바위에 새겨진 마애삼존불이 있다. 삼불암 마애불과 삼각바위는 마른 붓을 뉘어 내리찍듯 그려서 바위의 음영과 거친 질감을 실감나게 묘사했다. 붓 자국이 도끼로 찍은 것 같아서 부벽준(斧劈皴)으로 불리는 이 필법은 정선과 김홍도가 즐기던 화법의 하나였다. 강세황으로 추정되는 한 명의 탐승객은 마애불 바로 아래에 서서 자세히 살피고 있고, 김홍도와 김응환으로 추정되는 두 명의 탐승객은 좀 떨어진 곳에 앉아서 전체적인 형세를 관찰하고 있으며, 삿갓을 쓴 노승이 지팡이를 짚고 백화암 부도 쪽으로 나가고 있어서 다음 탐승지를 예시한다.

5
백화암, 조선 부도의 적막장대한 풍격을 느끼다

삼불암에서부터 표훈동 계곡 사이는 넓고 산세의 기상이 장대한데, 특히 소나무, 잣나무가 산길을 줄곧 따라붙어 예부터 금강산 탐승객 모두가 찬탄해 마지않는 곳이다. 이 계곡을 1킬로미터가량 오르면 표훈사의 백화암 부도가 나온다. 백화암은 1914년 화재로 빈터만 남게 되어 한쪽에 수충영각을 지어 금강산에 계셨던 다섯 분의 대사(大師), 즉 지공, 나옹, 무학, 서산, 사명의 영정을 모셔 놓았었다. 그러나 이 수충영각도 한국 전쟁 때 폭격을 맞아 사라져 버리고 백화암 부도만 남게 되었다. 거기에는 알 모양의 둥근 몸체에 팔각지붕을 얹은 부도가 다섯, 꽃봉오리 모양의 부도가 둘, 돌거북이 이고 있는 비석이 셋 있다. 이것은 서산 대사와 제자들의 부도로 모두 17세기 중엽의 유물들이다. 오직 설봉당(雪峯堂) 부도만이 18세기 초에 세워진 것으로 백화

[그림 7] 김홍도, 「백화암 부도」, 『해동명산도첩』, 1788년 이후, 국립중앙박물관

암 부도의 정숙미와 조형적 견실성은 한국 미술사에서도 높이 평가되고 있다.

　이러한 백화암 부도의 모습은 강세황과 함께 이곳을 방문한 김홍도, 김응환이 회화적으로 담아낸 바 있다. 강세황이 1788년 9월 15일 오후에 방문했을 때는 암자를 지키는 승려가 어딜 가고 비어 있었다고 하는데, 실제로 이 그림에는 텅 빈 암자의 적막함을 강조하기 위해 보통 장면마다 들어가곤 하던 탐승객도 넣지 않았다.[그림 7] 화면 오른편 수풀 가운데 빈 암자의 지붕이 엿보이며, 수풀로 둘러싸인 암자의 뜰에는 비석 3개와 8개의 부도가 그려져 있다. 수풀은 윤곽선만으로 간략히 묘사했으나 부도와 비석은 음영법을 사용하여 입체감과 해의 방향을 암시했다. 화면 상단의 여백부에 마른 붓으로 그은 가로선은 안개를 암시하는데, 적막한 암자의 고즈넉한 분위기를 더욱 고조시킨다.

6

표훈사, 내금강 유람의 중심지에 하룻밤 묵고 가다

표훈동은 삼불암을 지나서 내금강 금강문(원화문)까지의 만천 골짜기와 그 주변 경치 좋은 지역을 말한다. 표훈동은 비교적 넓은 골 안에 소나무, 잣나무 숲이 들어차 있고 청학봉, 방광대, 천일대 등이 빙 둘러싸고 있어 아늑한 느낌을 준다. 그 위치상으로나 전망으로 보아 내금강의 중심부라고 할 수 있다.

『화엄경』에서 법기보살이 일만 이천 권속을 거느리고 금강산에 머무른다 했으니, 표훈사의 동북쪽 가장 높은 법기봉은 금강산 법기 신앙의 중심지라 할 수 있다. 표훈사는 내금강 만폭동으로 가는 길가 왼쪽에 자리 잡고 있는데 이곳은 내금강의 절경인 만폭동의 입구에 해당된다. 598년에 관륵이 융운과 함께 창건했으며, 670년 신라의 승려 능인·신림·표훈이 중창했다. 처음엔 신림사라 했다가 3년

후 이름을 표훈사로 고쳤다. 고려 말 원나라 황실의 시주로 크게 중창하여 조선 전기에는 명나라 사신의 금강산 유람 코스로도 유명했다. 1682년과 1778년 두 차례에 걸쳐 복원하여 조선 후기 유람객의 주요 숙소가 되었다. 원래 20여 동의 많은 전각이 있었지만 지금은 중심 건물인 반야보전, 2층 다락문인 능파루 그리고 명부전, 영산전, 어실각, 칠성각, 판도방 등의 전각과 7층 석탑, 범종 등이 남아 있다. 귀중한 문화유산이 많았으나 일제의 약탈과 한국 전쟁을 거치며 파괴되었다가 전후에 복원된 것이다. 금강산 4대 사찰(유점사, 장안사, 신계사, 표훈사) 중 유일하게 남아 있는 사찰이다.

[그림 8] 작자 미상, 「포흥사」, 『금강산도권』, 19세기, 국립중앙박물관

[그림 9] 표훈사 전경. 일제 강점기 촬영 ⓒ국립중앙박물관

7
정양사와 헐성루, 내금강 와유의 종결자, 금강산 법기보살과 일만 이천 권속을 만나다

표훈사에서 뒤쪽 아름드리 전나무와 잣나무가 우거진 숲 속을 해치고 700미터가량 오르면 방광대 허리에 자리 잡은 정양사 터에 이른다.『동국여지승람』에는 고려 태조가 담무갈 보살로도 불리는 법기보살을 친견하고 창건했다는 전설이 전한다. 산의 정맥에 해당하는 양지바른 곳에 놓였다고 해서 정양사라는 이름 붙었다고도 한다. 한국 전쟁 당시 전각 대부분이 소실되었으나 금강산 3대 옛 탑 가운데 하나인 신라 때의 삼층석탑, 석등, 반야전, 약사전이 보존되어 있다. 정양사의 망루인 헐성루에서 금강산 일만 이천봉을 한꺼번에 바라볼 수 있다는 점에서 금강산 유람의 필수 코스라 할 수 있다.

일찍이 고려의 노영이 정양사 창건 설화로 최초의 금강산 그림을 남긴 이래로 정양사에서 바라본 금강산 일만 이천 봉우리는 수많은 화가들을 매혹시켜 왔다.[그림 10] 정선은「금강전도」에〈발로 밟아서 두루 다녀 본다 한들 어찌 베갯머리에서 이 그림을 마음껏 보는 것과 같겠는가〉하고 와유의 가치를 높이 평가했는데, 만년에 특히 정양사를 많이 그렸다. 정선이 세 번의 금강산 유람을 마치고 더 이상 금강산을 여행할 수 없었던 만년에 자신의 유람 기억을 되살려 와유를 하듯 그린 부채 그림을 보자.[그림 11] 정양사 헐성루에서 볼 수 있는 금강산 일만 이천 봉우리의 파노라마가 펼쳐지고 있다. 위쪽으로 멀리 톱니처럼 뾰족뾰족 솟아오른 암봉과 아래로 빽빽한 수풀에 둘러싸인 정양사가 산중턱에 있다. 정선을 연구한 최완수 선생은 칼날같이 날카로운 백색 암봉들을 가리켜〈서릿발준법〉이라 명명한 바 있는데 과연 서릿발 같고 칼날 같다.

이 그림은 힘차면서도 노숙한 정선 만년의 전형적 스타일을 보여 준다. 정양사 바로 앞에는 금강대가 있고, 천일대 위에는 금강산의 장관을 유람하고 있는 갓 쓴 선비들이 옹기종기 모여 있는데, 이렇게 그림의 보이지 않는 조그만 영역에 무대를 만들어 자신을 비롯한 등장인물들을 끼워넣어 3인칭 시점의 유람 이야기를 전개하는 것은 정선 화법의 중요한 특징 중 하나이다. 반면, 김하종(1793~1875?)

[그림 10] 노영, 「태조와 금강산 담무갈 보살」(보물 제1887호), 1307년, 국립중앙박물관

[그림 11] 정선, 「정양사」, 조선 18세기, 국립중앙박물관

과 같은 19세기 화가들은 등장인물의 도움을 받지 않고 자신이 본 이미지 자체에 초점을 맞춤으로써 1인칭 시점을 실감나게 전달한다.[그림 12] 어쨌든 정양사에서 바라본 금강산을 으뜸으로 여기는 관점과 톱니처럼 뾰족뾰족하게 일만 이천 봉우리를 표현하는 관습은 고려 이래의 오랜 전통이었던 것이다.

1부 누워서 유람하는 내금강

歇惺樓望前面 全景

[그림 12] 김하종, 「헐성루에서 본 내금강 전경」, 『해산도첩』, 1816년, 국립
중앙박물관

8
천일대, 금강산 파노라마를 그리다

정선과 마찬가지로 내금강의 여러 봉우리를 조망하고 이
를 그림으로 남긴 화가가 있다. 정수영은 1797년 가을
금강산을 유람할 때 목탄으로 스케치를 한 뒤 2년 후인
1799년 3월부터 8월까지 6개월에 걸쳐『해산첩』이란 이
름의 금강산 유람 화첩을 완성했다. 지리학자 집안의 후손
으로서 남다른 관찰력과 파격적인 구도법, 그리고 개성적
인 필법으로 유명한 그는 헐성루와 천일대에서 바라본 금
강산의 파노라마를 수평적으로 펼쳐 그렸다.[그림 13] 정
선의 금강산 파노라마가 앞에서 뒤로 중첩되며 이어지는
수직적 성격을 지닌다면 정수영의 파노라마는 수평적으
로 확장된다. 천일대에서 조망한 광대한 내금강 풍경의 한
가운데에 천일대가 있다. 천일대는 내금강 정양사 동쪽에
있으며, 정양사 망루인 헐성루와 더불어 금강산의 대표적

인 전망대이다. 정선이 새나 드론을 띄운 것과 같이 3인칭 시점을 빌려 정양사 헐성루, 천일대, 금강대와 산봉우리들을 내려다보면서 회화적 구성과 압축의 정수를 보여 준다면, 정수영의 그림은 관람객이 직접 천일대에 올라 좌우로 둘러보게 되는 봉우리들의 파노라마를 1인칭 시점에서 직설적으로 표현하고 있다. 당시 그는 경관의 기세에 눌려서 〈눈이 아찔하고 정신이 어지러워 잠시 (헐성루) 난간에 기대어 진정했다〉고 토로했는데, 이 그림에는 그러한 위압적 체험이 실감나게 반영되어 있다.

[그림 13] 정수영, 「천일대」(부분), 『해산첩』 제10면, 1799년, 국립중앙박물관

9
만폭동, 〈봉래풍악 원화동천〉이라고 쓰다

만폭 구역은 내금강 금강문부터 화룡담까지를 포괄하는 구역으로서, 금강산의 계곡미를 대표한다. 폭포가 많아서 라기보다는, 수많은 개울물이 골짜기를 넘쳐 나와 그 모양이 하나같지 않으므로 만폭동이라고 했다. 표훈사를 지나 청학대 밑의 개울 옆 큰 바위가 이마를 맞대고 있는 사이의 금강문(원화문, 밑변 5미터, 높이 약 2.5미터, 길이 약 4미터)을 나서면 마치 막이 열리듯 경치의 무대가 바뀌고 비약을 일으켜 사람들을 경탄케 한다.

청룡담, 영화담, 관음담, 관음폭포, 세두분, 백룡담, 영아지와 물개바위, 두꺼비바위와 같은 담소와 기암들이 계속 나타나고 개울 옆에 너럭바위들에는 서예가의 글씨들이 빼곡하게 새겨져 있다. 아홉 살 아이가 썼다는 〈금강산〉이나 나옹이 쓴 〈천하제일명산〉도 있지만, 양사언이 쓴 〈봉

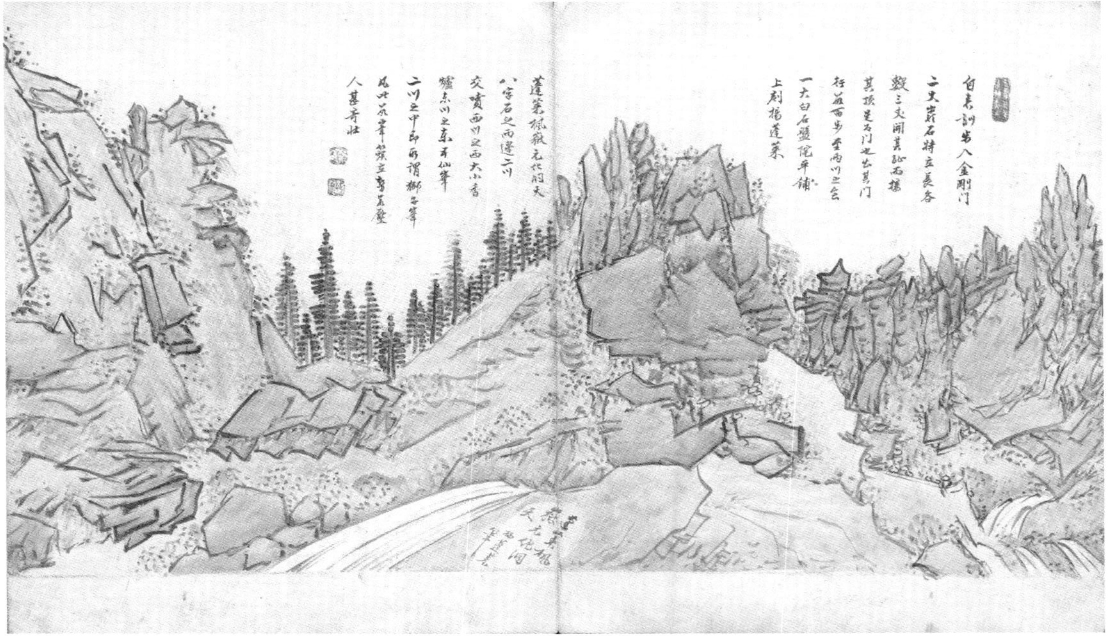

[그림 14] 정수영, 「만폭동」, 『해산첩』 제3면, 1799년, 국립중앙박물관

래풍악 원화동천(蓬萊楓岳元化洞天)〉이 으뜸으로 여겨졌다. 원화동천은 금강산의 기묘함과 아름다움을 다 구현한 으뜸가는 골짜기라는 뜻으로 만폭동을 이르는 다른 이름이다. 이 글씨는 마치 봉황이 춤을 추듯 물 흐르는 듯한 초서체로 쓰였는데, 〈만폭동 경치값이 천 냥이면 그중 오백 냥은 양사언의 글씨값〉이란 말까지 나올 정도로 걸작 중의 걸작이다.

정수영이 그린 만폭동을 보자.[그림 14] 뾰족뾰족한 바위의 모양과 마른 붓이 종이를 쓸고 간 거친 느낌, 진한 농묵의 악센트 효과 등은 정선을 비롯한 당대 유명한 화가들의 영향을 받았지만 가을을 연상시키는 담록과 담황, 담홍의 미묘한 색감 등은 정수영 특유의 향기를 남긴다. 사자봉을 중심으로 좌측에 대향로봉과 소향로봉의 일부를 그리고, 우측에는 오선봉의 여러 봉우리를 그렸다. 화면 중앙 하단에는 만폭동의 유명한 너럭바위가 있는데 봉래 양사언이 쓴 서예 여덟 자가 선명히 새겨져 있어서 사진을 찍듯 경물을 그대로 옮기고자 한 사실주의 정신이 느껴진다. 반면 19세기 중반 대표적인 직업 화가 조정규(1791~?)가 그린 만폭동은 도끼 찍듯 붓을 뉘어 내리찍은 암벽 표현과 네모나게 모서리진 바위와 돌 등은 전통적이나, 낮아진 시점

[그림 15] 조정규, 「만폭동」, 19세기, 국립중앙박물관

과 당겨진 시야로 근경 인물의 비중이 커진 데서 근대적 감

각 또한 느낄 수 있다. [그림 15]

1부 누워서 유람하는 내금강

10
분설담과 진주담, 여덟 구비 계곡을 노래하다

보덕각시가 그림자만 못에 남기고 파랑새가 되어 보덕굴로 들어갔다는 전설이 전하는 영아지를 지나면, 거기서부터 1킬로미터도 못 되는 구간에 흑룡담, 비파담, 벽파담(벽하담), 분설담, 진주담, 거북담(구담), 선담, 화룡담 등 8개의 큰 담과 폭포가 연달아 있어 만폭동의 절경을 이루는데 이것이 내팔담이다. 그중에서도 분설담과 진주담이 인기가 많다.

분설담은 내금강 표훈사에서 마하연으로 올라가는 약 2킬로미터 구간의 만폭동계곡에서 벽파담과 진주담 사이에 위치한다. 지도를 그려 놓은 것 같은 지도바위 오른쪽으로 흐르던 물이 바위벽 밑에서 치고 올라오는 바람에 흩어져 날리는 모습이 눈보라와 같다고 하여 분설이라는 이름을 얻었다. 김하종의 그림에서와 같이 그 앞에 서면 멀리

보덕암이 시야에 들어온다. [그림 16]

진주담은 분설담과 구담 사이에 위치한 못으로 수려한 계곡미를 자랑한다. 골짜기를 가로지른 번듯한 바위의 가운데가 무거운 듯 약간 아래로 휘어졌다. 그 높이는 약 13미터이며 담소의 넓이는 412제곱미터, 깊이는 7.5미터이다. 진주담을 그린 작가는 화면을 가로로 반분하는 거대한 반석을 넘어 쏟아져 내리붓는 맹렬한 계류와 그것이 만들어 낸 진주담의 소용돌이에 포커스를 맞추고 있다. [그림 17] 부채의 윤곽과 조화를 이루는 바위 위에서 시동을 거느린 채 천하절경을 감상하는 유람객은 시간을 잊은 듯 고요

[그림 17] 김윤겸, 「진주담」, 1756년, 국립중앙박물관

하게 앉아 있다. 분방하고 속도감 있는 필치와 음영의 대조
가 강한 묵법을 통해 겸재 정선의 진경산수화법을 수용했
던 김윤겸의 개성적 화풍이 잘 드러난다. 각지고 둥근 만폭
동의 바위와 실타래처럼 엉켜 든 계류는 비현실적인 음영
효과와 어우러져 마치 꿈속에서와 같은 몽환적 분위기를
고조시켜 준다. 진주담은 김홍도, 김하종, 이풍익 등이 그
린 것도 전해지는데, 위 그림은 현존 작품 중 진주담을 형
상화한 가장 오래된 작품이다.

11
보덕굴, 하늘에 매달린 암자

분설담에서 오른쪽으로 내다보이는 법기봉 비탈면의 아슬한 절벽에 보덕암이라는 작은 암자가 매달려 있다. 금강산의 암자 가운데서 옛 모습을 가장 온전하게 보존하고 있는 건물로서 20미터가 넘는 아슬아슬한 절벽 중턱에 7.3미터의 구리 기둥을 받쳐 지었다. 지금의 건물은 1675년에 고쳐 지은 것이고 건물이 의지하고 있는 구리 기둥과 건물을 바위에 붙잡아 맨 쇠줄은 1511년에 설치한 것이다.

627년(영류왕 10년) 보덕 스님이 수도하기 위해 자연 동굴(보덕굴)을 이용해 지었는데, 본전인 관음전은 단층집이면서도 바깥에서는 팔작지붕, 맞배지붕, 우진각지붕을 차례로 배합하여 다층집으로 보이도록 설계했다. 건물 안의 절벽 바위에는 길이 5.3미터, 폭 1.6~2미터, 높이 1~2미터가량 되는 자연 동굴이 있는데, 보덕각시의 전설이 깃들어

[그림 18] 정선, 「보덕굴 벽하담」, 『신묘년 풍악도첩』, 1711년, 국립중앙박물관

있다.

고려 말 성리학자 이제현은 이곳을 방문하고 다음과 같이 읊었다.

陰風生岩谷　바위틈에서 찬바람 불어오고
溪水深更綠　계곡물은 깊어서 푸르네.
倚杖望層巔　지팡이 짚고 절벽을 바라보니
飛簷駕雲木　처마가 구름 속에 떠 있네.

정선이 그린 보덕굴은 내팔담의 벽하담을 화면 중심으로 잡고, 만폭동 계곡 건너편으로 소향로봉과 대향로봉을 배경으로 법기봉의 천 길 낭떠러지와 절벽 쪽에 아슬아슬하게 매달린 보덕굴을 묘사하고 있다. 한 화면에 아우를 수 없는 만폭동의 계곡과 보덕굴 주변의 우뚝한 봉우리들을 정선 특유의 간결한 구성으로 압축하여 관객은 마치 한 장의 약도를 보는 것처럼 현장에 접근할 수 있다. 현대에 우리는 이러한 그림을 하늘을 나는 새처럼 내려다본다는 뜻에서 조감도라고 부른다.

정선의 그림은 김윤겸(1711~1775)이나 김하종과 같이 후대에 보덕굴을 그린 화가들에 선행하여 보덕굴을 묘사한 가장 오래된 것이다. 금강산과 같이 좁은 계곡과 험준한 봉우리가 뒤엉킨 복잡한 지형을 형상화하는 데 정선식의 조감법이 얼마나 유용한지 잘 웅변해 준다.

북한 현대 미술로 본 금강산 1

1996년 북한의 화가 정창모가 그린 「보덕암」의 화면 오른
쪽 아래에는 정창모 자신의 글이 적혀 있다. [NK 그림 1]

법기봉 기슭에 학각 우진각 맷집지붕으로 된 작으마
한 암자 있나니 아슬한 절벽에 외기둥에 의지한 그 자태
신묘하고, 서울에 간 랑군을 기다려 평생을 처녀로 보낸
그 마음 기특한 보덕의 전설을 남기고 있어, 내금강의 으
뜸으로 꼽힌다네
  '96 정창모

아슬한 절벽 위 외기둥에 의지한 모습이 객관적 조건으
로는 위태로울 수 있는데, 그는 이 기둥 하나에 의지해서
서울에 간 낭군을 평생 기다려 온 그 자태가 신묘하다고 말

[NK 그림 1] 정창모, 「보덕암」(1996), 『인민 예술가 정창모 작품집』, 만수대 창작사, 2004, 87면

하고 있다. 물론 이 글은 화가 스스로 밝히고 있듯이 보덕의 전설을 기억해 내고 있는 것이겠지만, 동시에 〈서울 간 낭군〉을 기다리는 그 〈기특한 마음은〉 통일을 바라는 화가의 마음과 분단의 현실을 드러내는 글과 이미지로도 읽힌다. 이렇게 읽히는 것은 이 작품의 작가가 정창모이기 때문일 것이다. 그는 1931년 전주에서 태어났으니 20세라는 청년의 나이에 분단을 경험한 세대이다. 청소년기를 남쪽에서 성장한 그에게 고향은 얼마나 선명할까. 그의 작품 「분계선」으로 그의 내면을 조금은 들여다볼 수 있다. [NK 그림 2] 이 작품에도 그의 글이 적혀 있다.

> 분계선
> 이 땅의 허리를 갈라 지나간
> 비운의 철조망 우에 눈보라 싸납다
> 허나 우리의 소원은 통일
> 이 노래 부르며 통일의 봄 맞으리
> '99년 정창모

이 글에서 그는 〈통일의 봄〉을 맞겠다고 말하고 있지만, 그의 화면은 미궁에 빠진 듯 한 치 앞도 보이지 않는다. 그

[NK 그림 2] 정창모, 「분계선」(1999), 『인민 예술가 정창모 작품집』, 만수대
창작사, 2004, 62~63면

럼에도 불구하고 거칠지 않은 이 화면 안의 공기가 흡사 그
의 내면을 보여 주고 있는 듯해서 가슴이 시리다.

12
마하연, 마하야나의 숲길을 따라가다

백운대 구역은 내팔담이 끝나는 화룡담을 지난 다음부터 사선교까지의 골짜기와 그 북쪽의 봉우리와 골짜기를 포괄한다. 여기에는 설옥동, 백운동, 화개동의 명소들이 있다. 설옥동은 화룡담을 지나 왼쪽으로 갈라진 골짜기로서 여기에는 설옥담, 황옥담, 가섭굴이 있다. 가섭굴을 떠나 이리저리 구부러진 길을 따라 오르면 관음바위, 영추암, 비단바위를 비롯하여 기기묘묘한 바위들이 여러 가지 모양으로 특색을 이룬 내만물상에 이르고 영추봉 마루에 오르면 내금강의 봉우리와 골짜기들이 거의 다 보인다.

마하연(摩訶衍)은 대승(大乘)을 의미하는 산스크리트어인 마하야나mahāyāna에서 유래한 이름으로 661년 신라 문무왕 때 의상 대사가 창건한 유명 사찰이었다. 만폭동을 지나 가장 마지막에 만나는 암자이다. 통일신라 이후에는 칠

[그림 19] 김하종, 「가섭동」, 『해산도첩』, 1816년, 국립중앙박물관

불사와 함께 우리나라 2대 참선 도량의 한 곳이었다. 근대의 고승 만공 선사가 1905년부터 3년 동안 선(禪)을 지도했고, 성철 스님도 젊은 시절 이곳에서 용맹정진을 했던 선원이나 한국 전쟁을 거치며 지금은 빈터에 마하연 사적비만 남아 있다. 숙종 때의 유명한 문장가 김창협은 『동유기』에서 〈마하연 등 뒤에는 중향성이 있어 병풍을 친 듯하며 앞에는 혈망봉, 담무갈 등 여러 봉우리들이 빙 둘려 역시 병풍을 친 듯하니 진실로 명가람이다〉라고 했다.

정선이 마하연에서 묘길상으로 가는 구간의 명승 그림을 남기지 않아서 마하연을 그린 그림은 희소한데, 김윤겸

[그림 20] 김윤겸, 「마하연」, 『봉래도권』, 1768년, 국립중앙박물관

이 1768년에 그린 것이 가장 이른 시기의 이미지이다. ㄱ 자
구조의 작은 암자를 원경에서 잡아냈다. 촛대봉을 중심
으로 늘어선 원경의 봉우리 사이는 여백으로 처리하고 암
자 주변 지형도 여백을 살려 느긋하게 묘사했다. 김윤겸의
마하연과 묘길상 그림은 1788년 정조의 어명으로 금강산
을 그린 김홍도와 김응환에게 영향을 미쳤을 것으로 짐작
된다.

13
묘길상, 아미타불의 모습을 한 문수사리보살

화개동은 불지골 개울목에서 사선교까지를 포괄하는 지역으로서 불지암, 감로수, 오선암, 소광담, 사선교 등이 있는데 가장 유명한 것은 마애부처인 묘길상이다. 묘길상은 마하연을 지나 700미터 들어가 있는 내금강 코스에서 가장 깊은 곳에 있는 명승으로 높이 40미터의 벼랑에 새긴 15미터 높이의 고려 시기 불상 조각이다. 불상의 모습은 아미타여래이다. 그러나 정조 때 강원도 관찰사를 지낸 윤사국(1728~1809)이 옆에 있던 암자의 이름을 따서 마애불 옆에 〈묘길상(妙吉祥)〉이란 글씨를 새긴 이후로는 문수보살을 지칭하는 묘길상으로 불리게 되었다.

정선보다 한 세대 후의 문인 화가인 허필(1709~1761)은 35세 때인 1744년 권사언, 권항언, 권조언 등과 함께 금강산을 유람한 일이 있는데, 15년이나 지난 1759년 겨울, 기억을 되살려 묘길상을 그린 것이 남아 있다.[그림 21] 김윤 겸과 마찬가지로 정선은 주목하지 않았던 마하연-묘길상 루트에서 깊은 인상을 받은 듯하다.

흥미로운 것은 이 그림을 다 그린 뒤 추위를 물리친다는 뜻에서 『배한첩(排寒帖)』이라 명명한 점이다. 의문은 또 있다. 앉아 있는 부처를 서 있는 승려처럼 그린 것이다. 왜 일까? 이러한 비현실성은 금강산을 여행한 지 15년이나 지 난 시점에 이미 흐려져 가는 기억에 의존했기 때문일 수도 있지만, 불상의 모습을 두툼한 승복을 입은 나한으로 표현 한 것으로 미루어 일부러 그렇게 한 것으로 보인다. 매처학 자(梅妻鶴子) 임포(林逋)의 은거를 떠올리게 하는 학이나 침울한 묘길상의 표정은 의미심장하다. 27살에 진사 급제 를 했음에도 불구하고 이인좌의 난에 연류된 집안 내력으 로 벼슬길이 막혀 평생을 가난하게 처사로 살아가야 했던 허필 자신의 체념과 달관이 투영되어 있는 듯 보인다.

이 그림은 표층적으로는 현실 재현적 실경에서 소재를 취했지만, 심층적으로는 은둔 처사의 심상(心象)에 초점을 맞춘 전형적인 문인화이다. 실경과 심상을 향한 화가의 중 첩된 시선이 낳은 기묘한 이미지. 바로 그런 점에서 이 작 품은 현재 남아 있는 묘길상 그림 중 가장 오래된 것일 뿐만

快全失三伏之炎蒸小花
凮助甚清朗呈以名之曰無
暑帖余得見於二年之後冰
霜之節無暑二字尤肥膚

生案恩得覃若複房而不得
則丹青造化從此可見而余於
翻集上寫排寒帖老筆已
退矣妄得句回陽和噓出一

既去先耶吳上舍劬汝氏
幸母以無塩效嚬省作竹
為穡村之婦也

[그림 21] 허필, 「묘길상」, 1759년, 국립중앙박물관

[그림 22] 김윤겸, 「묘길상」, 『봉래도권』, 1768년, 국립중앙박물관

아니라 18세기 문인 실경산수가 이룬 높은 경지를 잘 보여
준다는 점에서도, 후대의 김윤겸(1768)[그림 22], 김홍도
(1788), 엄치욱(19세기 전반), 김은호(20세기)로 이어지는
사실적인 묘길상과 구분되는 독보적 위치를 차지한다.

북한 현대 미술로 본 금강산 2

김승희는 금강산에 가서 묘길상을 보고 완전히 매혹되었다고 그 첫 만남을 회상했다. 〈동양 고유의 그윽한 인간미와 민족 고유의 성격이 부각되어 있는 「묘길상」을 형상화한 자신의 작품을 통해 민족성을 강조하고 싶었고 민족의 아름다움에 대해 마음껏 내세우고 싶었습니다〉라며 자신이 이 작품을 제작한 동기를 밝히고 있다. [NK 그림 3]

그래서인지 이 작품에서 김승희는 미술가로서 자신의 조형적 특성을 드러내기보다는 바위 위에 선각(線刻)해서 만들어 낸 이 조각상의 실제 느낌을 잘 전달하려고 노력하고 있다. 입체인 조각을 평면인 회화 작품에 표현해 내는 것보다 더 어려운 작업은, 오랜 세월 그곳에 서 있었을 금강산 바위와 묘길상이 겪어 낸 세월의 무게를 표현해 내는 것일 게다. 자연이 우리에게 무한한 감동과 깊이 있는 가르

[NK 그림 3] 김승희, 「묘길상」(1999), 『인민 예술가 김승희 작품집』, 만수대
창작사, 2004, 30면

침을 주는 것 또한 그 오랜 세월을 품고 있는 주름들 때문일
터이다. 이 작품을 한동안 바라보게 되는 것은 묘길상을 품
고 있는 금강산 바위의 주름들 하나하나가 다양한 표정을
지으며 우리에게 말을 건네 오기 때문이다.

14
명경대, 여기가 저승의 입구라네

비로봉 구역은 묘길상에서 더 올라가 사선교 근방에서 내무령(혹은 안무재)과 비로봉으로 오르는 길이 갈라지며 시작된다. 갈림길에서 왼쪽으로 20년 고개를 넘으면 아이를 품은 어머니의 모습과 같은 사랑바위를 보게 되고, 더 오르면 급경사를 이루고 비스듬히 꼭대기로 뻗어 오른 톱날 같은 바위 줄기가 있다. 마치 하늘에 세워 놓은 줄사다리 같은데 아침 해가 비치면 은색 금색으로 번쩍인다 해서 은사다리 금사다리로 불린다. 비로봉과 잇달린 영랑봉이나 일출봉 등 이 구역의 명소들은 탐승길로 서로 잇닿아 있을 뿐 아니라 외금강의 탐승길과도 통한다. 이 구역의 안무재골은 짙은 안개와 붉은 단풍으로 유명한데 백화담, 금사정 등의 명소가 있다.

명경대 구역은 만천 구역의 만천교를 지나 오른쪽의 백

[그림 23] 김하종, 「명경대」, 『해산도첩』, 1816년, 국립중앙박물관

천골 안을 차지한다. 여기서는 백천동, 영원동, 백탑동 등
의 계곡미와 백마봉과 차일봉의 전망 경치를 볼 수 있다.
백천동은 만천에서부터 백천 갈림목의 조탑장까지를 포괄
하는데 여기에는 옥천폭포, 오리바위, 배석대, 수왕성, 흑
사굴, 황사굴, 영원문, 계마석, 옥경담, 명경대 등이 있다.
이 중 명경대는 높이 90미터, 너비 30미터의 거울 같은 바
위이다. 우뚝 서서 절벽을 이룬 것 같은 바위의 벽면이 마
치 큰 거울처럼 매끈하다 하여 〈명경대(明鏡臺)〉라 한다.
과연 이것이 평생의 죄업을 비춰 준다는 명경대라 한다면,
이곳은 다름 아닌 저승의 길 입구가 될 것이다.

  명경대 앞에는 배석대가 있고 주위로는 지장봉, 시왕봉,

판관봉, 인봉, 죄인봉, 사자봉, 지옥문, 극락문이 있는데, 이 모두는 저승의 입구에서 염라대왕 앞에서 평생 살아온 업보를 심판받는다는 불교적 사후 세계관을 보여 준다.

내금강의 이 바위들은 아침 해가 비치면 은색 금색으로 반짝이며, 하늘로 올라가는 사다리처럼 위엄을 갖추고 있다고 해서 옛 선조들은 〈은사다리 금사다리〉라고 이름을 지어 주었다고 한다. 정영만의 「내금강의 은사다리, 금사다리」를 보면 그 이유를 한눈에 알 수 있다.[NK 그림 4] 각진 바위 면이 햇빛을 받아 영험한 세계로 이끌어 주고 있는 듯 보이기 때문이다.

정영만의 작품만 보았을 땐, 내금강의 이 바위 이름을 그가 이렇게 회화적으로 해석했구나 생각했다. 그런데 현장에 가면 이 화면은 화가의 회화적 해석이라기보다는 실제 모습 그대로임을 알게 된다. 금강산에 갔을 때 느꼈던 당혹감은 그런 것에서부터 시작되었다. 김홍도의 〈절대준법〉이 천재 화가 김홍도가 창출해 낸 새로운 기법인 줄 알았는데, 현장에 가보면 실제 금강산의 바위가 그렇게 생긴 주름을 갖고 있을 때의 당혹감과 같은 것이다. 보이는 대로 그린 것이었다니! 이를 깨달았을 때 화가가 아닌 저 바위에 감동하는 놀라움을 체험하게 된다.

정영만은 강원도 원산시 명석동에서 태어나 어렸을 때부터 금강산에 자주 갔었고, 즐겨 금강산을 그렸다고 한다. 1962년 평양미술대학교를 졸업하고 현역 미술가로 활동을 시작한 지 몇 년 지나지 않은 1965년, 그의 「금강산」 작품은 전람회에서 입상했을 뿐만 아니라 조선미술박물관에 소장되기까지 한다.[NK 그림 5]

정영만의 「금강산」은 그의 「내금강의 은사다리, 금사다리」와는 달리 실제 경물 하나하나를 단독으로 그려 내는 것이 아니라, 금강산의 전모를 회화적 구성을 통해 보여 주려고 한다. 화가가 어렸을 때부터 수없이 올랐던 금강산의 내금강, 외금강, 해금강을 한 시야에 펼쳐 놓으려는 시도이다. 지금까지 없었던 구도였다. 이는 그가 어렸을 때부터 끊임없이 금강산 전 구역을 걸었기 때문에 가능했을 것이다. 「금강산」은 전통적인 부감법, 즉 하늘에서 내려다본 시점을 쓰지는 않았지만, 시점을 가능한 한 위로 높였다.

근경에서부터 경치를 따라 시선을 옮겨 가면서 감상해

보자. 구름의 움직임을 따라 중경, 원경이 구분되어 있으면서도 서로 연결되어 교차하면서 자연스럽게 대자연의 장엄함을 화폭 안에 담고 있다. 빛에 따른 명암의 세심한 변화가 이를 뒷받침해 주고 있다. 이 작품을 계기로 정영만은 구름 위로 솟아나는 봉우리 표현을 위주로 금강산 경치를 그리는 자신만의 금강산 그림을 구축해 갔다. 한동안 북한 화폐 5원에도 이 작품이 그려져 있을 정도로 정영만을 대표하는 작품 중의 하나이다.

북한의 미술 평론가들은 정영만의 작품이 뿜어내는 기백은 작업 과정에서 그가 보여 주는 집중력에서 기인한다고 분석하기도 한다. 창작 과정에서, 그가 일단 붓을 들기

[NK 그림 4] 정영만, 「내금강의 은사다리, 금사다리」(1976), 『인민 예술가 정영만』, 만수대창작사, 2004, 54~55면

만 하면 옆에서 벼락이 쳐도 모를 정도로 집중한다는 것이다. 그래서인지 정영만이 집중력을 키우기 위해 어떠한 노력을 했는가에 대한 일화도 전한다.

　　언제부터인가 그는 사무용 의자 등받이에 올라앉아 화판을 무릎에 올려놓고 넘어질 듯 말 듯한 자세에서 초안 작업을 하곤 하였다.
　　이런 일이 자주 있어서 하루는 그에게 〈같은 값이면 주단 바닥이나 의자에 편안히 앉아서 그림을 그리지 왜 위험한 등받이에 올라앉아 그러는가?〉고 물은 적이 있다.

[NK 그림 5] 정영만, 「금강산」(1965), 『인민 예술가 정영만』, 만수대창작사, 2004, 52면

그러자 그는 빙그레 웃으며 〈의자 등받이에 올라앉으면 중심을 잡기 위해 저절로 온몸이 긴장해지고 그러면 정신력도 집중된다〉고 하는 것이었다.[1]

1   『인민 예술가 정영만』, 만수대창작사, 2004, 132면

북한 현대 미술로 본 금강산 4

선우영은 정영만과 금강산 스케치 여행을 함께 다녀왔던
일화를 남긴 적이 있다.

지금으로부터 14년 전 나는 정영만 동무와 함께 10여
일에 걸쳐 금강산에 대한 현지 습작을 진행한 일이 있
었다.

갈 때마다 느끼곤 하는 감정이었지만, 그때에도 나는
금강산의 아름다운 경치에 심취되어 시간 가는 줄 모르
고 현지 속사를 하였다.

볼수록 아름답고 그릴수록 황홀경에 심취되어 준비
해 가지고 갔던 종이와 연필을 열흘도 되기 전에 다 써버
렸다.

그런데 정영만 동무는 속사 한 장 하지 않고 하루 종일

[NK 그림 6] 정영만, 「금강산 비로봉의 너럭바위」(1997), 『인민 예술가 정영만』, 만수대창작사, 2004, 101면

금강산 봉우리들을 바라보고만 있었다.

나는 그가 건강도 좋지 않고 작품 창작으로 늘 피곤이 몰려다니는데 금강산에 온 기회에라도 좀 쉬었으면 하는 생각에서 다른 말을 더 건네지 않았다. 그러나 실지에 있어서 그는 휴식을 한 것이 아니라 매우 긴장한 취재를 하고 있었다.

금강산 일만 이천 봉우리들의 특징은 물론 개별적 바위들의 생김새 그리고 동석동골 안으로 흘러드는 아침 안개로부터 관음련봉 사이를 감돌아 질주하는 구름 안개에 이르기까지 금강산의 기상과 특징들을 모조리 머

릿속에 새겨 넣고 있었던 것이다.

때문에 훗날 정영만 동무가 창작한 금강산 작품들은 그 생동성과 진실성으로 하여 우리들을 탄복하게 하였다. 참으로 정영만 동무의 자연에 대한 사색적인 관찰은 우리가 따라 배워야 할 좋은 기풍이라고 생각한다.[2]

중국 6세기 남북조 시대 남제의 사혁이라는 사람이 살았는데, 그림을 그리는 6가지의 법칙을 이야기한 적이 있다. 우리나라에도 좋은 그림을 그리기 위한 법칙으로 많은 영향을 주었던 이론이다. 우리가 한 번쯤 들어 보았을 〈기운생동〉이 그중 하나의 법칙이다. 그림에는 기운이 생동해야 한다는 것이다. 이와 함께 〈응물상형〉이라는 법칙도 있다. 물건을 응찰해서 그 형상을 그린다는 이야기이다. 이 〈응물상형〉의 법칙은 근대에 들어와서 우리나라 화가들 사이에서도 다시 한번 주목을 받았던 법칙이다. 대상을 관찰하라는 것이다. 응찰하라는 것이다. 아주 집중해서 관찰하여, 그 형태뿐만 아니라 그 대상 내면의 특징, 즉 그 본질까지도 파악해서 그리라는 것이다. 즉 많이 그리는 것이 중요한 것이 아니라 대상을 집중해서 관찰하고 사색해서 대상

2   『인민 예술가 정영만』, 만수대창작사, 2004, 133면

의 특징과 본질을 파악하는 것이 중요하며, 그것을 깨달았다면 그때서야 붓을 들고 그리라는 것이다.

선우영이 정영만을 통해 배웠다고 하는 〈사색적 관찰〉이 이러한 전통적인 태도와 맞닿아 있다는 점이 주목된다.

15
영원암, 금강산에서 가장 깊은 고요에 잠기다

명경대에서 황천강을 따라 계속 오르면 영원동과 수렴동으로 나뉘는 조탑장이 나타난다. 영원동은 조탑장에서 백마봉까지의 고요하고 깊숙한 골짜기로서 금강산에서 가장 깊숙하고 고요한 곳이다. 입구부터 우두마면봉, 옥초대, 책상바위, 영월대, 배석, 미출암과 백마봉이 전개된다. 영원암은 신라의 영원 조사가 수도했다는 암자로 현재 터만 있으며, 옥초대는 영원 조사가 옥피리를 불면 전설 속의 난새와 학이 날아와 춤을 추곤 했다 해서 옥적대로 불리기도 한다. 또한 미출암은 영원 조사가 수도할 때 쌀이 한 톨씩 흘러나와 죽으로 끼니를 대신할 수 있었는데 그가 입적한 뒤 사람들이 욕심을 내어 구멍을 크게 뚫자 더 이상 쌀이 나오지 않게 되었다는 전설이 전한다.

조선 후기 문인 화가인 정수영은 김홍도가 다녀간 지

[그림 24] 정수영, 「영원암과 옥추대」, 『해산첩』, 1799년, 국립중앙박물관

10년도 지나지 않은 1797년 가을, 친구 여춘영(1734~1812)과 함께 이곳을 방문하고 2년 뒤 이를 『해산첩』에 남겼다. 정수영은 이렇게 기록하고 있다. 〈명경대에서 다시 앞으로 나아가면 돌길이 매우 험하고 가마를 타고는 갈 수가 없고 지팡이를 짚고도 가기가 어려워 가까스로 암자에까지 올라왔다. 암자에는 스님 한 사람만 있었다. 암자 주변에 있는 봉우리들은 모두 기이한 절경이었고, 암자에서 서남쪽으로 옥추대가 있다.〉

중앙에 영원암이 보이고 왼편 절벽의 옥추대(옥초대)에서는 고생 끝에 이곳에 오른 정수영 일행이 단풍에 물들어 고요함에 잠긴 암자를 감상하고 있다. 몽당붓을 사용한 분

방하고도 소략한 필치와 절제된 담채에는 그만의 개성과 문기(文氣)가 담겨 있다.

16
백탑동, 하늘이 만들어 낸 탑들

백탑동은 수렴폭포 위의 골짜기로서 높이 70미터의 강선폭포와 시왕폭포, 증명폭포 등이 있는데, 특히 돌탑이 많아 백탑동이라 불린다. 그중 대표적인 승경이 골짜기 끝자락에 있는 직경 20여 미터, 높이 50여 미터의 다보탑이다. 봉우리와 같은 자연돌탑으로서 마치 조각가가 새겨 연출한 것처럼 섬세하고 균형이 아름답다.

1816년 춘천부사 이광문(1778~1838)은 화가 김하종과 함께 금강산, 설악산 등을 유람했는데, 김하종에 대해 이렇게 기록하고 있다. 〈김하종은 아름다운 곳에 이르면 종이를 펴서 그림을 그렸는데 비슷하지 않으면 몇 번이고 바꾸어 다시 그렸다. 그가 붓 놀리는 것을 보면 먼저 형체를 본뜨려 하였고 높고 낮음, 멀고 가까움, 깊고 얕음, 짙고 옅음으로 그 모습을 곡진하게 그려 냈다.〉 과연 그가 그린 다

[그림 25] 김하종, 「다보탑」, 『해산도첩』, 1816년, 국립중앙박물관

보탑을 보면 형태뿐만 아니라 원근과 입체가 잘 표현되어 19세기에 사실주의에 대한 이해가 더욱 심화되고 있음을 알 수 있다.

17
원통암, 또 하나의 만폭동을 발견하다

태상 구역은 만폭동의 금강대 앞에서 왼쪽으로 갈라진 원
통골과 수미골 지역을 차지하는 곳으로서 암산과 토산의
경계에 놓여 있어 산, 바위, 개울의 아름다움을 다 보여 준
다. 원통동은 특색 있는 담소가 잇달아 있어 마치 만폭동의
담소와 폭포의 축소판처럼 보이기도 한다. 의상 대사가 관
음보살을 모셨다는 원통암은 현재 터만 전한다.

김창업의 서자로 태어난 김윤겸은 원통암을 처음으로
그렸다. 수미탑 가는 길에 두 갈래 계곡물을 낀 협곡 위에
작은 암자가 있고 그에 이르는 나무다리와 돌길을 그려 그
의 유람 여정을 암시하고 있다. 혈망봉, 석가봉, 장경봉, 관
음봉에 둘러싸인 원통암에는 두 명의 유람객이 쉬고 있는
데, 모서리가 둥글둥글한 필법과 미묘한 담채, 그리고 자욱
한 안개는 실경이면서도 뭔가 몽환적인 이상경의 정취를

[그림 26] 김윤겸, 「내원통」, 『봉래도권』, 18세기, 국립중앙박물관

느끼게 한다. 정선의 화풍을 배웠으면서도 문인 화가적 시
정(詩情)이 강하게 느껴진다.

18
수미탑, 여기 우주의 중심을 선언하다

수미동에는 수미팔담과 함께 곰바위, 다람쥐바위, 문답석, 봉황바위, 거북바위 등 기암괴석과 선암 터, 수미암 터 등 암자 터도 있지만 그중에서도 수미탑이 가장 유명하다. 수많은 돌이 가지런히 쌓인 모습의 수미탑은 높이가 50~60미터나 되며 다보탑과 함께 금강산의 자연돌탑을 대표한다.

　김홍도와 김하종이 남긴 수미탑이 전하는데 그중 19세기 김하종의 작품을 보자. 먹의 농담으로 선명한 근경의 바위와 흐릿한 원경의 산봉우리를 나타냈고, 청녹색 선염(渲染)과 발묵을 통한 먹빛의 변화로 바위 덩어리의 음영과 입체감을 표현했다. 특히 아래에서 올려보는 시점은 수미탑의 아찔한 상승감을 강조해 주며, 사선으로 배치된 폭포 줄기와 상어 지느러미처럼 급경사를 이룬 수미탑의 삼각 실

[그림 27] 김하종, 「수미탑」, 『해산도첩』, 1816년, 국립중앙박물관

루엣은 화면에 역동감과 긴장감을 불어넣는다. 미술심리
학을 꿰뚫는 이러한 장치는 19세기 화가들이 사실주의를
이해하고 자기화하기 위해 얼마나 진지하게 연구하고 애
썼는지를 보여 준다.

2부

누워서 음란하는 외금강

비로봉과 내무재를 기준으로 서쪽이 내금강이고 동쪽이 외금강으로 갈라진다. 외금강은 북쪽으로 백정봉 구역으로부터 남쪽 은선대 구역에 이르기까지 넓은 지역으로 힘차고 웅장한 산악미가 매력적인데, 도식적으로 갈라 본다면 온유한 계곡미 위주의 내금강에 비교된다. 이곳은 현재 온정 구역, 만물상 구역, 구룡연 구역, 수정봉 구역, 선하 구역, 발연소 구역, 송림 구역, 은선대 구역, 천불동 구역, 선창 구역, 백정봉 구역으로 나누어진다.

1
만물초, 외금강 유람의 클라이맥스

온정 구역은 외금강 휴양소 일대를 포괄하는 곳으로, 온정천 기슭에 금강산 온천이 있고 국제 관광 여관 등 관광 및 서비스 시설이 갖추어져 있어 오늘날 금강산 탐승의 중심 기지가 되고 있다. 만물상 구역은 금강산의 산악미를 대표하는 구역의 하나이다. 깎아지른 층암절벽과 온갖 물형을 나타내는 기암괴석들이 특이한 경치를 자아내는 만물상을 비롯하여, 한하계, 만상계 등 명승들을 포괄한다. 온정리에서 온정령으로 난 차도로 12킬로미터를 올라가면서 한하계, 만상계를 보고, 만상정에 이르러 서북쪽으로 꺾어 들어가면 만물상 입구에 들어서게 된다.

만물상 구역에서는 선녀들의 도움으로 천하의 명약 〈천계화〉를 구하고 선녀들이 화장하던 화장수를 발라 얼굴이 예뻐졌다는 〈비단녀〉라는 착한 처녀 이야기도 전한다. 지

[그림 28] 김홍도, 「만물초」, 『해동명산도 초본첩』, 1788년경, 국립중앙박물관

금의 천선대는 그때 선녀의 내림 터이고 화장호는 그때의
화장수 단지이며 비단녀에게 선녀들이 입에 넣어 주었다
는 물은 지금의 망장천이라 한다. 하늘에서 선녀들이 내려
와 놀았다는 천선대에 오르면 외금강 유람의 절정인 만물
상을 전망할 수 있다.

   만물상 주변의 수십, 수백 길 솟구친 우뚝한 봉우리와 절
벽들은 바위의 결이 세로로 난 데다가 오랜 풍화로 밝은 빛
을 띠고 있어서 독특한 경관을 이룬다. 삼선암 너머로 상등
봉과 옥녀봉이 안겨 오고 뒤로 돌아서 올려다보면 우의봉,
무애봉, 천진봉, 하늘을 떠받들고 선 기둥 같은 천주봉, 이

쀼장한 천녀봉 등 오봉산의 다섯 봉우리들과 세지봉이 제 각기 뽐내 듯 병풍처럼 빙 둘러 솟아 있다.

만물상을 그림으로 남긴 최초의 화가는 김홍도와 김응 환이다. 이들은 1788년 9월 신계사에서 서쪽으로 온정리 와 육화암을 지나 이곳에 다다랐다. 당시 온정령에서 만물 상을 스케치한 김홍도는 〈만물초〉라는 제목을 붙였는데, 오봉산 일대 층암절벽과 기암괴석군의 형상이 태초에 만 물생성의 초본과 같다는 뜻에서 붙인 것이다.[그림 28] 김 홍도가 이때 그려 진상한 금강산 그림들은 왕실과 조정 대 신을 통해 세상에 널리 퍼졌고 19세기 금강산 그림의 원형 이 되었다. 총 75폭이 32미터 이상 이어진 『금강산도권』은 김홍도풍 금강산도가 19세기에 얼마나 유행했는지를 잘 보여 준다.[그림 29] 화면 좌측 하단에는 이제 막 전망대에 올라 쉬고 있는 두 명의 탐승객과 한 명의 시동이 있다. 그 앞으로는 4개의 층암절벽이 코앞까지 바싹 다가와 서 있 고, 그 뒤로 꼬불꼬불 계곡 길이 북쪽의 오봉산으로 이끌어 주며 멀어지고 있고, 동북쪽 방면으로는 멀리 장전 앞바다 가 엿보인다. 서릿발 같이 날카로운 형태로 흰 봉우리와 층 암절벽을 묘사했는데, 자세히 보면 많은 봉우리의 형상이 설화적으로 의인화되어 있는 것이 재미있다.

[그림 29] 작자 미상, 「만물초」, 『금강산도권』, 19세기, 국립중앙박물관

김승희의 「만물상의 봄」은 봄의 화사한 꽃들 사이로 존재
감을 드러내는 바위들의 주름과 표정을 빠른 속도의 선들
로 잡아내고 있다. [NK 그림 7] 그 사이 신비로운 구름이
살며시 둘러져 공기의 흐름이 전달된다.

　김승희는 이처럼 금강산의 봄 풍경이나 가을 풍경도 그
렸지만 눈 내리는 풍경도 즐겨 그렸다. 「금강산에 눈 내리
다」를 보자. [NK 그림 8] 이끼 낀 돌, 비바람에 시달린 해묵
은 나무들, 이름난 정각들은 수백 년 동안 역사의 증인인 양
묵묵히 서서 세월을 견뎌 내는데, 포근히 쏟아지는 흰 함
박눈은 그 유적들의 상처 깊은 역사를 포근히 감싸 안아 주
는 듯하다. 그 시간들을 살아 냈다는, 그리고 지금 살아있
다는, 생명의 소중함을 자연 속에서 깨닫고 위로받는 현장
이다. 추운 겨울이라는 계절이 우리가 겪어 낸 역경을 상징

[NK 그림 7] 김승희, 「만물상의 봄」, 1994년

하고, 내리는 눈이 그사이에도 잃지 않는 희망을 드러낸다.

김승희의 화가로서의 재질은 다양한 양식을 소화해 내는 그의 필력에서 여과 없이 드러난다. 「금강산에 눈 내리다」처럼 빠른 필선의 움직임으로 쌓아올린 산세 위에 내리는 눈을 앉히는 시각적 효과를 통해 포근함을 만들어 내기도 하고, 「천불봉의 겨울」에서처럼 물질성을 구축해 가는 방식으로 웅장한 바위의 무게감을 드러내는 구성을 시도하기도 한다.[NK 그림 9] 「백두산의 만병초」는 또 다른 신비감을 전달한다.[NK 그림 10] 사선형 구도에 날카로운 바위의 각들이 드러나면서 암산의 물질적 존재감을 강하게 드러내고, 그 위에 매끈하게 내려앉은 눈 표현을 통해 백두산의 신비한 위엄을 극대화하고 있다.

[NK 그림 8] 김승희, 「금강산에 눈 내리다」, 1998년

[NK 그림 9] 김승희, 「천불봉의 겨울」, 1997년

[NK 그림 10] 김승희, 「백두산의 만병초」, 1998년

2
신계사, 남북 민간 교류 협력의 모델이 되다

구룡연 구역은 신계천과 주변 구역으로서, 온정 구역에서 술기넘이고개를 넘어 동석동과 갈라지는 신계동에서부터 구룡동의 비사문까지의 구간이다. 구룡연 구역은 금강산의 여러 명승들 가운데서도 손꼽히는 구역의 하나로서 구룡폭포, 비봉폭포, 무봉폭포와 구룡연, 상팔담, 옥류담 등 외금강의 유명한 폭포와 소가 모여 있다.

신계천 변에 위치한 신계사는 519년에 창건되었다 하나 불교 공인 이전이어서 믿기는 어렵다. 『여지도서』 고성군조에 〈군의 서쪽 30리 금강 외산에 있는데 57칸이다〉라고 기록되어 있다. 임진왜란 후 1597년 중건한 대웅보전(1887년 중수)은 유점사 능인보전과 함께 북한 지역의 조선 시대 말기 사찰 건축을 대표했다. 안타깝게도 1951년 한국 전쟁 와중에 이 건물들은 모두 불타 없어지고 삼층석탑

[그림 30] 작자 미상, 「신계사」, 『금강산도권』, 19세기, 국립중앙박물관

만 남게 되었다.

　김홍도가 1788년 그렸던 신계사 원화는 전하지 않지만, 이를 모사한 『금강산도권』 안의 「신계사」를 보면 당시 상당했던 사찰의 가람을 볼 수 있다.[그림 30] 현존하는 삼층석탑이 있는 마당을 중심으로 웅장한 대웅보전이 자리하고 있고 그 동측에 칠성각·대향각·극락전이, 서쪽에는 나한전·어실각이 배치되어 있었으며 삼층석탑의 남쪽으로 만세루가 있었는데 그 좌우에는 향로전, 최승전 그리고 부속 건물들이 있었다. 신계사의 원래 모습은 20세기의 유리원판 사진에서도 살펴볼 수 있다.

[그림 31] 신계사 대웅보전과 삼층석탑. 일제 강점기 촬영. ⓒ국립중앙박물관

현재 있는 대웅보전은 한국 조계종의 지원으로 2004년 복원된 것이다. 남북 민간 교류 협력의 성공적인 모델이라고 할 수 있다. 조계종은 2020년 1월에도 장안사와 유점사의 발굴·복원을 위한 사업 등을 북측에 제안했는데, 북측과 함께 2004년 신계사를 발굴·복원했던 경험은 또 한 번의 긍정적 전망을 가능케 한다.

3
비봉폭, 봉황이 나래를 펴고
꼬리를 휘저으며 날아오르다

신계사 주차장에서 도보로 1시간 10분가량 옥류동 방향으로 계곡을 따라 오르면 연주담과 비봉폭포를 만나게 된다. 비봉폭포는 구룡폭포, 옥영폭포, 십이폭포와 함께 금강산 4대 폭포 중의 하나로 높이가 139미터나 된다. 주름살 많은 바위벽을 타고 쏟아져 내리는 모습은 마치 하늘에서 퍼붓는 것 같은데, 폭포 벽의 모양에 따라 폭포수가 눕기도 하고 달리기도 하고 날아가기도 하다가 봉황담으로 들어간다. 이렇게 폭포수가 다양한 모습과 각도, 그리고 속도로 바위벽을 타고 달리는 모습이 마치 봉황새가 날개를 펴고 꼬리를 휘저으며 하늘 높이 날아오르는 것 같다 하여 〈비봉〉이라는 이름을 얻었다.

오목한 바위벽을 타고 나래를 편 봉황의 긴 꼬리 같이 유연한 곡선을 이루는 폭포수의 흐름은 비봉폭포를 사실적

[그림 32] 김하종, 「비봉폭」, 『해산도첩』, 1816년, 국립중앙박물관

으로 그린 많은 화가들이 놓치지 않았던 특징이다.[그림 32] 김홍도 역시 비봉폭포를 그렸는데, 다음과 같은 제화시가 남아 있다.[그림 33]

鳳瀑之勝 知者尠矣　비봉폭의 경치를 아는 이가 드물다.
吳獨好說 檀又好畫　나는 오직 말하기 좋아하고 단원은 그리기를 좋아하니,
潭前對坐者得非兩人傳神耶　못 앞 마주앉은 사람은 아마 두 사람 초상 아닐까.

이 비봉폭포 그림은 함께 금강산을 갔으나 체력이 부쳐 정양사에서 내금강을 전망하는 것 외에 더 깊은 외금강 탐방을 할 수 없었던 강세황을 위해 김홍도가 그려 준 것이고, 강세황은 김홍도의 그림을 통해 와유할 수 있음을 고마워하며 이러한 글을 남긴 것이다. 실제 그림 아래 두 사람이 마주앉아 있는데, 비봉폭포에 등을 돌리고 앉은 이는 그곳을 다녀왔던 김홍도이고 폭포를 마주하고 감상하는 이는 그곳을 가보지 못한 강세황이다. 김홍도가 강세황을 배려하여 그림에 넣어 준 것이다. 실제로는 강세황이 현장에 없어야 하지만, 김홍도는 그림 속에서라도 폭포를 감상하길 권하며 강세황의 마음을 위로하고 있다. 정확한 사실 관계를 기록하기보다는 유람의 기억을 유쾌하게 변형하여 가상의 유람, 즉 와유를 제시하고 있다는 점에서도 특색 있는 그림이다.

[그림 33] 김홍도, 「비봉폭」, 『관동팔경 8곡병풍』, 1788년, 간송문화재단

정창모가 금강산을 그린 두 작품은 각각 다른 형식과 기법
으로 그린 작품임을 한눈에 알 수 있다. 「비봉폭포의 가을」
은 비봉폭포와 내금강의 모습을 실제 보고 사진을 찍은 듯
이 화면 안에 담아내고 있다. [NK 그림 11] 오랜 시간 붓을
여러 번 움직여서 바위의 질감은 바위의 질감처럼, 나뭇
잎의 질감은 나뭇잎의 질감 그대로 표현하고 있음을 알 수
있다.

　이에 비해서, 「금강산 삼형제 폭포」는 붓을 빠른 속도로
움직여서 현장의 분위기를 전달한다. [NK 그림 12] 세 군
데에서 물이 쏟아져 나와 화면 가득 피어오른 물안개가 폭
포의 현장을 실감케 한다. 여백의 미를 잘 활용해서 최소한
의 붓질로 폭포의 육중함과 물안개의 아련함을 표현했다
면, 주변의 산과 바위는 빠른 속도의 선묘와 먹의 중첩으로

[NK 그림 11] 정창모, 「비봉폭포의 가을」(1976), 『인민 예술가 정창모』, 만수대창작사, 2004, 26면

화면의 깊이와 금강산의 산세를 드러내고 있다. 숙련된 그의 필력이 유감없이 발휘되고 있는 작품이다.

화가 선우영은 「금강산 석가봉」을 그릴 때 정창모를 만났던 일화를 소개한 바 있다. 금강산을 그리려고 현지에 간 선우영은 나름의 감흥을 안고 산에서 돌아왔다고 한다. 그는 초안을 다듬고 본작 창작을 위한 화면 구성과 형상들을 생각하면서 그에 맞는 운필 연습과 기량 훈련을 하고 있었다. 그때 정창모가 찾아왔다.

「음 좋구만. 이 그림은 성공할 수 있소.」

「그래요? 어떻게 하면 성공할 수 있습니까?」

「동무 벌써 성공의 열쇠를 쥐었소. 동무의 습작과 운필 훈련을 하는 걸 보니 이 그림은 〈피마준법〉으로 그려야 성

[NK 그림 12] 정창모, 「금강산 삼형제폭포」(1984), 『인민 예술가 정창모』, 만수대창작사, 2004, 39면

공할 수 있다는 것을 알았단 말이오.」

「그렇습니까?」

「벌써 〈피마준법〉이 그림에 훌륭하게 구현되어 있소. 이제 조금만 그 준법의 묘리를 터득하고 완성하면 이 그림은 완전히 성공할 수 있소.」

그러면서 정창모는 〈피마준법〉의 묘리에 대하여 차근차근 가르쳐 주었다는 것이다.[1]

이 일화는 정창모가 전통 시대 선배들이 사용했던 회화

1   선우영, 「내가 호감을 가지게 된 것은」, 『인민 예술가 정창모』, 만수대창작사, 2004, 110면

의 여러 기법들에 대해 잘 알고 있었고, 자신의 경험을 토대로 전통 기법들을 충실히 연습해서 대상을 그릴 때 대상에 따라 딱 맞는 기법을 선택하여 능숙하게 사용하는 것이 매우 중요하다는 점을 후배들에게 가르치고 있는 모습이다.

김일성 시대에는 전통 시대 회화 기법 중에서도 몇몇 기법은 봉건 지배 계급이 주로 쓰던 기법이라고 해서 금지했다. 김정일 시대에 와서는 전통 시대 기법 중 많은 부분을 다시 쓸 수 있게 허용했지만, 김일성 시대에 성장해서 미술 수업을 받은 화가들은 금기되었던 전통 기법에 대해서는 잘 알지 못했다. 그러나 남한에서 생활할 때 그 기법들을 다 익히고 월북했던 화가들 중 다행히 이때까지 살아 활동하고 있는 화가들이 있어서, 이들을 중심으로 빠른 속도로 기법들이 복원되고 다시 후배들에게 교육될 수 있었다.

이러한 장면의 한 예가 선우영과 정창모의 일화에서도 드러나고 있는 것이다.

4
구룡연, 아홉 마리 용을 숨기다

비봉폭포에서 상팔담 쪽으로 40분가량 더 깊이 걸어 들어
가면 관폭정이 나온다. 아홉 마리 용의 전설로 이름을 얻은
구룡폭포는 금강산 4대 명폭의 으뜸이자, 설악산 대승폭
포, 개성 박연폭포와 함께 우리나라 3대 명폭으로 꼽힌다.
폭포벽의 높이는 100미터, 폭포의 높이는 74미터, 길이는
84미터, 너비는 4미터나 된다. 팔선녀의 전설과 나뭇꾼과
선녀의 아름다운 사랑 이야기의 배경이 되는 상팔담이 구
룡폭포로 떨어진다. 폭포수는 마치 비단 한 필을 통째로 드
리우듯 쏟아져 내린다. 우뢰성을 내는 폭포는 깊이 13미터
의 절구통 같은 구룡연을 만들었다.

　전설에 의하면, 옛날에 구룡과 53불의 싸움이 있었는데,
53불은 유점사 늪의 물을 끓여 증발시킨 뒤 늪지를 메워 유
점사를 창건했고, 늪에서 쫓겨난 구룡은 이곳으로 도망쳐

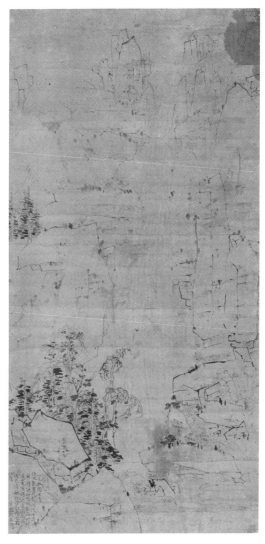

[그림 34] 이인상, 「15년 전 추억의 구룡연」, 1752년, 국립중앙박물관

[그림 35] 엄치욱, 「구룡폭」, 19세기, 국립중앙박물관

숨었다고 한다. 과연 천둥 같은 폭포수 소리와 구룡연의 검
푸른 물의 무섭게 사품치는 모습은 9마리의 용의 전설을
그럴듯하게 들리게 한다. 기행을 일삼은 화가 최북이 술잔
을 거푸 비운 뒤 〈천하명사 최북은 천하명산 금강에서 죽음
이 마땅하지 않은가[天下名士死於天下名山足矣]〉라며 몸
을 날린 곳도 이곳이다.

　주변 반석에는 〈구룡연〉이라는 글자가 새겨져 있으며,
〈천길 흰 비단 드리웠는가 만섬 진주알을 흩뿌렸는가[千丈
白練萬斛眞珠]〉라는 최치원(857~?)의 시구가 새겨져 있
다. 기슭에는 〈노도같이 쏟아져 내리는 폭포수가 사람들을

[그림 36] 정수영, 「구룡폭 — 가까이 본 경치와 멀리서 바라본 경치」, 1799년, 국립중앙박물관

아찔하게 만든다[怒濤中寫使人眩轉]〉라는 글이 새겨져 있는데 송시열의 필적으로 전한다.

구룡연은 정선 이래로 18~19세기 많은 화가들이 그려 왔는데, 조금 다른 시도를 한 화가가 있다. 이인상(1710~1760)은 서얼이라는 신분적 제약 속에서도 높은 학식을 바탕으로 격조 높은 회화 세계를 개척한 문인 화가였다. 이인상은 금강산 여행에 동행했던 임안세를 위해 유람이 15년이나 지난 후 이〈구룡연〉을 그렸다.[그림 34] 떨어지는 폭포와 구룡연의 모습은 대체로 사실과 일치하지만, 세부 묘사나 채색이 전혀 없어서 그림은 마치 미완성 같은 느낌을 준다. 묘사와 꾸밈을 거부하고 바위와 폭포의 뼈대만 그린 이인상의 그림을 정선이나 다른 화가의 구룡연과 비교해 보면 그것이 얼마나 파격적인지 알 수 있다. 이인상은 「구룡연도」에〈색택(色澤)을 베풀지 않은 것은 감히 게을러서가 아니라 심회(心會)가 중요하기 때문이다〉라고 썼다. 산수화를 바라보는 그의 관점은 명백하다. 형형색색의 사실보다는 자신의 마음이 중요하다는 것이다. 그의 구룡연은 선명한 실경 자체보다는 그것이 화가의 깊은 마음속을 투과 굴절되며 투사된 희미한 심상(心象)에 초점을 맞춘 그림이다.

엄치욱(18세기 후반~19세기 전반)은 암벽의 양감과 공간감, 세부 묘사 대신에 좀 더 과격한 속필의 반복에 의해 파생된 패턴과 화면을 압박하는 검은 묵면의 표현적 효과에 관심을 보이고 있다.[그림 35] 내면에 비춰진 심상에 초점을 맞춘 이인상이나 필묵의 표현적 효과에 주목한 엄치욱의 그림은 조선 후기 회화의 또 다른 성취를 잘 보여 준다. 정수영은 다가가서 보거나[逼觀勢], 멀리서 바라본[對觀勢] 구룡폭포의 경치가 어떻게 달라지는지 연구하는 등 인상파적 관찰력을 보여 주어 흥미롭다.[그림 36]

북한 현대 미술로 본 금강산 7

북한에서 미술의 개념은 〈재현 미술〉이라는 점을 명확히 하고 있다. 현실에 물질이 있는 대상을 재현하는 것이 미술이라는 것이다. 다시 말해 추상 미술은 전혀 인정하지 않고 있다. 김승희의 「구룡폭포」라는 작품은, 실은 제목이 없다면 현대 미술에 익숙한 우리들은 추상화라고 생각하는지도 모른다.[NK 그림 13] 그런데 이 작품은 추상화가 아니라 대상의 본질만을 포착해서 그린 작품이다. 이런 식의 그림은 전통 시대에도 그려졌다. 정선의 「박연폭」도 그러한 작품이다.

조선 시대 정선을 우리는 진경산수의 대가로 기억하고 있다. 실경산수라고 부르지 않고 진경산수라고 부른 이유는 무엇일까? 정선이 진경산수에서 중요하게 생각했던 것은 대상의 진실, 즉 본질을 파악하여 이것을 그려 내는 일

[NK 그림 13] 김승희, 「구룡폭포」(1992), 『인민 예술가 김승희 작품집』, 만수대창작사, 2004, 58면

[NK 그림 14] 리석호, 「폭포」(1964), 『조선화가 리석호의 화첩』, 예술교육출판사, 1992, 18면

이었다. 그렇다면 대상의 〈진(眞)〉, 즉 그 물성을 존재하게 하는 〈리(理, 법칙)〉가 무엇인지 어떻게 깨달을 수 있을까? 옛 선인들은 깨달을 때까지 대상을 응찰하라고 가르쳤다. 아침, 점심, 저녁 물을 많이 주면 난초가 어떻게 되는지, 가물면 어떤 변화가 나타나는지, 바람이 불거나 날씨가 추우면 어떻게 되는지, 꽃은 언제쯤 왜 피는지, 난초를 계속 관찰하다 보면 난초의 생리와 본질에 대해 파악해 나갈 수 있다. 우리 주변에도 난초를 선물하면 몇 년씩 그 난초를 잘 키우는 사람들이 있다. 난초를 알기 때문일 것이다. 그 본질을 파악해 낸 후에 그 본질만을 화면에 담아내는 미술가들이 있다. 본질이 아닌 부분을 과감히 생략해 낸 김승희의 「구룡폭포」 화면은 조선 시대 문인 화가들의 작품을 대하는 태도를 짐작하게 한다. 더불어 선배 화가인 리석호의 1964년 작품인 「폭포」를 떠올리게 한다. [NK 그림 14]

1950~1960년대 북한의 미술계에서는 〈사회주의적 내용을 민족적 형식〉에 맞게 표현하자는 테제에 동의하면서, 다양한 민족적 형식 중 어떠한 형식을 계승할 것인가에 대해 진지한 논의가 있었다. 그중 서울대학교 미술대학 교수였다가 월북하여 평양미술대학의 교수로 재직하고 있던 김용준을 중심으로 리석호와 같은 화가들은 문인화를 중

심으로 현대화할 것을 주장했다. 이들의 주장은, 러시아 리얼리즘 미술은 대상의 형태만을 반영한 것이지만, 문인화는 대상의 본질 즉 그 내면의 법칙까지 파악하여 그리는 것이기 때문에 러시아 리얼리즘 미술보다 더 높은 단계의 리얼리즘이라는 주장이었다. 1950년대에는 이들의 주장이 받아들여져 리석호의 작품이 국가 미술 전람회에서 최고상을 받기도 했다.

그러나 1960년대를 넘어서면서 전통을 계급주의적으로 바라볼 것을 요구하는 목소리가 커졌다. 그 결과 문인화와 같은 봉건 지배 계급의 미술은 척결할 대상으로, 민화와 같은 민중의 미술은 계승해야 할 미술로 정리되었고, 이에 따라 리석호 등의 그림은 북한 미술계에서 사라졌다.

그러나 김정일 시대에 들어와 문인화를 바라보는 시선에 변화가 나타나기 시작한다. 1986년 7월 15일 김정일이 노동당 중앙위원회 책임일꾼들과 한 담화 「주체사상 교양에서 제기되는 몇 가지 문제에 대하여」는 후일 〈우리민족 제일주의론〉(1989)으로 체계화된다. 〈민족제일주의〉는 1980년대 말 소비에트 연방의 해체와 동구 사회주의의 붕괴에 대응하여 정권의 정통성을 사회주의 혁명의 필연성 보다는 민족적 전통에서 찾으려는 시도로 해석된다. 이러한 배경에서 1990년대 북한이 단군릉, 동명왕릉, 왕건릉의 복원, 보수, 개축을 대대적으로 진행했다는 것은 이미 잘 알려진 사실이다. 1990년 이후 그간 계급적 편견 때문에 진행하지 못했던 조선 시대 회화 전통에 대한 새로운 연구가 활발해지기 시작했고, 이후 문인화의 복권과 더불어 리석호가 다시 부활하여 평양에서 대대적인 회고전이 열린다. 이러한 일련의 흐름 속에서 김승희의 「구룡폭포」가 그려진 것이다.

정창모와 더불어 우리 미술 시장에서 부각된 북한의 미술가로 선우영을 들지 않을 수 없다. 그는 평양시에서 출생하여 평양미술대학 산업미술학부를 졸업한다. 선우영의 증언에 의하면 자신은 원래 회화를 전공하려고 했으나 경공업대학에서 미술대학으로 편입하는 바람에 산업 미술을 전공할 수밖에 없었다고 한다. 그러나 졸업 후 중앙미술창작사에서 유화를 그리게 되었고, 1972년 이후 조선화를 배우기 시작하면서 조선화가로 변신한다.

당시 조선미술가동맹에서는 조선화를 기본으로 우리 미술을 주체적으로 발전시킬 것에 대한 당의 방침을 관철하기 위해서 중앙미술창작사에 조선화 강습 시간을 따로 마련했다. 강사는 당대 최고의 조선화가이며 평양미술대학교 교수였던 정종여가 맡았다. 당시 그 강습에 누구보다 열

[NK 그림 15] 선우영, 「금강산 세존봉의 정점에서」, 1999년

심히 참여했던 선우영은, 이 과정을 거쳐 1973년 이후부터
는 만수대 창작사 조선화 창작단에서 조선화화가로 활동
하게 된다.

선우영은 현미경을 보고 그리듯이 사물을 치밀하게 그
리는 세화 기법의 대가로 유명하다. 물론 그의 화면에 그려
져 있는 모든 대상물을 그가 다 꼼꼼하게 그리는 것은 아니
다. 치밀하게 그리는 부분과 대범하게 생략하는 부분이 공
존하는 구성을 시도하기 때문이다. 강조된 부분은 세밀한
붓으로 세부까지 꼼꼼히 그려 내는 것이 선우영 화면의 특
징이다. 회화를 직관의 예술로 파악한 선우영은, 화가는 자
신의 작품을 가지고 직관적으로 감상자의 눈을 사로잡아

2부 누워서 유람하는 외금강

야 하며, 자신의 작품에 사로잡힌 이들이 작품을 보면 볼수록 더욱더 새로운 미를 느낄 수 있도록 화면 안에서 생명력을 잃지 않도록 그려 내려고 노력한다고 밝힌 바 있다.

그가 그린 「금강산 세존봉의 정점에서」를 보면, 정선이 그린 「단발령에서 바라본 금강산」처럼, 화면 오른쪽 밑에 화가가 서 있는 지점이 그려져 있다. 그곳에 서서 금강산을 바라보고 있는 화가 선우영을 상상하게 된다. 우리는 화면 오른쪽 앞과 중앙에 그려진 거대한 바위산의 육중함에 자연스럽게 시선이 가게 되고, 그 세밀하고 치밀한 묘사에 한동안 감탄하게 된다. 그리고 곧 이 바위산을 감싸고 있는 구름을 따라 바람을 타듯 눈이 움직여 간다.

바위산의 경우, 서양화에서 대상에 입체감을 줄 때 흔히 쓰는 명암 처리 방식처럼, 햇빛이 비추는 부분과 그늘이 진 부분의 톤 변화를 주어서 바위산의 존재감이 육중한 실질적인 무게감을 갖고 우리에게 다가온다. 이러한 톤의 변화는 전통적인 필선의 세심한 묘사로 구축되어 있는데, 이러한 필선의 묘사는 먹을 우려내면서도 여백의 미를 최대한 살린 구름의 표현과 대조되면서 화면 안에 기운을 만들어 내고 있다. 이러한 구성은 선우영만의 화면이 갖는 특징 중의 하나이다. 전통적이면서 동시에 서구적 기법을 구사하고 있고, 매우 치밀하면서 동시에 대담하게 생략된 화면을 구축해 낸다.

이러한 선우영만의 개성은 그가 화가로서 성장한 독특한 이력에 바탕하고 있을 것이다. 경공업대학에서 보석 공예 작업을 할 때 확대경을 보면서 작업하는 과정에서 연마한 섬세한 기술, 이후 유화를 배우고 다시 조선화를 배웠던 그러한 과정이 그만의 화면을 창조해 낸 동력이 되었기 때문이다.

5

발연과 치폭, 조선 시대판 워터파크에서
물 미끄럼을 타다

발연소 구역은 집선봉의 동쪽 비탈면에서 흘러내리는 골
짜기들에 있는 영신동·발연동의 명소들을 포괄하는 지역
이다. 신계천을 건너 동석동으로 가는 길에서 갈라져 숫돌
고개를 넘으면 갈 수 있다. 이곳의 명승으로는 예로부터 바
리소(발연), 무지개다리(홍예교), 누운폭포(치폭)가 유명
하다.

발연동에는 폭포로 만들어진 일련의 소들이 있다. 개울
을 따라 오르면 모두 6개의 구덩이 중 5번째의 모양이 승려
가 쓰는 바리[鉢盂]와 같다고 하여 바리소, 즉 발연이라 불
린다. 소의 크기는 넓은 쪽이 11미터, 좁은 쪽이 9미터, 깊
이가 2.25미터이다. 근처에는 신라 진표 율사가 창건한 절
터가 있는데〈발연(鉢淵)〉이라 새겨진 세모바위가 있다.

발연사 무지개다리는 현존하는 우리나라 돌다리 가운데

[그림 37] 김홍도, 「발연」, 『해동명산도초본첩』, 1788년경, 국립중앙박물관

서도 가장 오래된 것의 하나이다. 다리는 발연천 개울 양쪽 암반을 기초로 삼고 1톤은 됨직한 화강석 40개 이상을 다 듬어서 25단으로 치밀하게 맞물려 쌓았는데 바닥에서 가장 높은 곳까지는 약 7.1미터, 다리의 길이는 13미터, 너비는 3.1미터 정도이다. 욕심 많은 발연사 스님이 더 부자가 되기 위해 세웠는데, 다리 건설에 재산을 소진한 뒤 망했다는 전설이 있다.

발연사 터에서 집선봉 아래 절벽을 끼고 개울을 따라 오르면 60미터 길이의 폭포내림바위가 있다. 개울로 내려서면 푸른 물 위를 치달아 오른 흰 너럭바위에 길이 60미터나

鉢閒汲
便客易撈
月

[그림 38] 작자 미상, 「발연」, 『금강산도권』, 19세기, 국립중앙박물관

[그림 39] 이인문, 「발연」, 18세기 말~19세기 초, 국립중앙박물관

되는 누운폭포(치폭)가 있다. 바닥이 인공적으로 다듬어 놓은 미끄럼대처럼 패어 있어 미끄러져 내리는 물 놀이터로 유명하다. 이 홈을 타고 계곡물이 흘러내려 〈누운폭포[臥瀑]〉, 혹은 〈달리는 폭포[馳瀑]〉라고도 하는 이곳은 조선 시대판 워터파크, 물놀이 미끄럼틀이었던 셈이다. 개울 바닥에는 양사언의 〈폭포암(瀑布巖)〉, 〈봉래암(蓬萊巖)〉이라는 글자가 새겨져 있다.

　김홍도 일행이 1788년 그린 이곳의 풍경은 19세기 실경산수에 반복해서 등장한다. 김홍도가 스케치한 「발연」은 아랫소 쪽에서 인적 없는 바리소와 그 위쪽을 바라본 그림이다.[그림 37] 「치폭」은 두 명의 탐승객과 두 명의 시종이 마주앉아 쉬고 있는 폭포내림바위를 중심으로 주변의 암벽과 수총을 그렸는데, 바위를 구르는 두 줄기의 폭포가 분명히 표현되어 있으나, 미끄럼을 타고 내려오는 사람은 없어서 이미 서리가 내리기 시작해 쌀쌀했던 여행 당시의 날씨를 짐작케 한다. 『금강산도권』에는 김홍도의 「치폭」을 모사한 장면에 실수로 〈발연〉이라는 제목을 붙이고 있어서, 19세기에 불던 금강산 유람의 확산뿐 아니라 유람에 대한 기억의 복제와 아이콘화도 엿볼 수 있다.[그림 38]

　한편 김홍도와 동갑 화원이었던 이인문의 「발연」은 용출

하는 유수 앞에서 느끼는 위압감과 경외감이 보편적 남종
화법으로 표현되어 있어서 지도적 정확성을 특징으로 한
동 시기의 실경화와는 서로 다른 흐름으로 비교된다.[그림
39]

6
은선대에서 십이폭포를 바라보다

송림 구역은 선하 구역, 발연소 구역 남쪽의 백천천 연안을 차지하는 지역으로서 백천교 중창비로부터 성문굴까지의 구간이다. 만상담에서 한두 사람이 빠져나갈 만한 좁은 목을 지나면 십이폭의 소리가 들려온다고 하여 여기서부터 성문동이라고 한다. 십이폭포는 채하봉과 소반덕 사이의 골짜기에서 흘러온 물이 채하봉 남쪽 벼랑을 타고 층층으로 떨어지면서 이루어진 것인데 그 층이 12개이므로 십이폭포라고 한다. 높이 289미터, 길이 390미터, 너비 4미터로 은선대에서 바라보는 것이 절경으로 꼽힌다.

  은선대 구역은 외금강의 제일 남쪽에 있는 구역으로서 여기에는 용천동, 효운동, 구연동의 명소들이 있다. 송림사 터에서 박달고개를 넘어서 갈 수도 있고 백천교에서 개진령과 노루메기고개를 넘어서 가거나 내금강에서 외무재

[그림 40] 정선, 「불정대에서 본 십이폭포」, 『신묘년 풍악도첩』, 1711년, 국립중앙박물관

령과 삼거리를 거쳐서 갈 수도 있다. 금강산의 총각과 결혼한 선녀가 숨어 산다는 전설이 전해져 〈은선대〉라는 이름을 얻게 되었다.

은선대에 대한 가장 전형적인 문학적 이미지는 채지홍(1683~1741)의 「은선대에서 폭포를 보다[隱仙臺見瀑]」라

[그림 41] 김하종, 「은선대에서 본 십이폭포」, 『해산도첩』, 1816년, 국립중앙박물관

는 시라고 할 수 있다.

誰將練布長千尺　누가 천 척짜리 비단자락을

玉手裁成十二端　섬섬옥수 열두 단 마름질했나.

曲曲斷來還復續　구비구비 끊어졌다 다시 이어져

和烟和雨掛層巒　안개비와 어우러져 층봉에 걸렸네.

일찍이 정선은 불정대에서 멀리 십이폭포를 조망하여 그림을 그린 바가 있고,[그림 40] 약 100년 뒤 김하종은 좀 더 근접한 은선대에서 이를 그렸는데,[그림 41] 근접하여 올려다본 김하종의 이미지가 박진감과 공간감을 훨씬 실감나게 전달해 준다. 특히 김하종이 묘사한 십이폭포는 채지홍이 제시한 열두 단의 비단자락, 층봉에 걸린 안개와 같은 시적 이미지가 회화적으로 충실하게 재현되어 있어서 사실에 충실하면서도 시정이 풍부한 금강산 이미지의 새로운 전형을 선보이고 있다.

7
유점사, 53불의 전설이 서린 터에 서다

용천동에는 소년소, 유점사 터, 반야대, 불정대 등이 있다. 소년소에서 약 1킬로미터 올라가면 금강산 4대 사찰의 하나였던 유점사 터가 있다. 원래 이 터는 수백 년 자란 아름드리 느릅나무가 빽빽하여 금강산에서도 소문난 산림 경치를 이루던 곳으로, 〈유점사(楡岾寺)〉란 이름도 여기서 유래된 것이다.

외금강 은선대 구역의 용천가에 자리 잡고 있었던 유점사는 금강산 4대 사찰 가운데서도 가장 컸으며 1911년 이후에는 강원도 안에 60여 개의 말사를 가지고 있었다. 9세기경에 처음 세워진 다음, 12세기 중엽에는 500여 간, 15세기 초에는 3,000간을 가진 큰 규모의 사찰로 확장되었고 그 후 여러 차례 보수를 거쳤다. 1882년에 화재로 1883~1884년에 중건되었다. 원래 유점사에는 중심 건물

寺祠榆站
元始四年

[그림 42] 작자 미상, 「유점사」, 『금강산도권』, 19세기, 국립중앙박물관

[그림 43] 유점사 산영루, 일제 강점기 촬영, ©국립중앙박물관

인 능인전을 비롯하여 약사전, 용음루, 산영루, 연화사, 수
월당, 대향각, 영산전, 시왕전, 삼성각, 호지문, 의화당, 범
종각, 보타전 등 6전 7각 2문 3루와 기타 20여 동의 부속 건
물들과 석등, 9층석탑, 53존불상과 범종이 있었다.

　유점사 능인보전의 두공(枓栱)은 우리나라에서 가장 높
고 화려한 공포이다. 유점사 터 앞의 돌다리는 바깥으로
부터 유점사 경내에로 들어가기 위한 다리로서 원래 정자
(亭子) 형식의 큰 합각식 건물(산영루)이 놓여 있었으며 건
물 가운데에 길이 있었다. 1톤이 훨씬 넘는 다듬은 화강석
13개로 무지개 모양으로 쌓았는데 그 높이는 3미터, 좌우
밑 기초 너비는 5미터 정도이다. 두 다리 사이는 8미터이

[그림 44] 유점사 능인보전 53불, 일제 강점기 촬영, ©군산 동국사

다. 유점사 능인보전 내 느릅나무 가지에 안치했던 53존의
금 또는 금동제 불상들은 신라 하대의 작품으로 손꼽히는
것들이었다.

『금강산 유점사 사적기』에 의하면 인도 문수보살이
53불상을 쇠종 속에 넣고 배에 띄워 보냈는데, 그것이 월지
국을 거쳐 900년 만인 신라 남해왕 원년에야 금강산 동쪽
안창현 포구(현재 간성)에 표착했다 한다. 아홉 마리 용이
천둥, 번개와 큰 비로 방해를 놓자, 53불은 느릅나무에 올
라가 늪의 물을 끓여 증발시켜 버림으로써 용들을 내쫓았
는데, 그들이 도망가 숨은 곳이 구룡연이고 느릅나무가 있
던 늪 자리에는 유점사가 생겼다고 한다. 해금강의 사공바

위와 배바위, 영랑호 앞바다에 현종암이 생긴 것도 모두 이와 관련 있다고 한다.

김홍도가 그린 유점사 그림의 원본은 전하지 않으나 이를 19세기에 충실하게 모사한 그림이 『금강산도권』에 전하여 1882년 화재 이전의 모습을 짐작할 수 있다.[그림 42] 산영루에 두 명의 참배객이 마주앉아 있고 안뜰로 승려와 가람을 둘러보는 선비가 그려져 있다. 한편 20세기 초에 찍은 유리 원판 사진 등을 통해 미군 폭격으로 전소되기 이전의 모습도 확인할 수 있다.[그림 43] 2020년 9월에는 폭격으로 전소되어 버린 유점사 창건 설화와 관련된 능인보전 53불의 컬러 사진이 공개되기도 했는데,[그림 44] 조계종에서 북측에 제안한 장안사, 유점사의 발굴·복원 사업이 조속히 진척될 수 있기를 기대한다.

8
효운동, 새벽 구름을 헤치고 안무재로 향하다

효운동은 용천이 갈라지는 오른쪽 골짜기에 놓여 있으며 구룡연 전설을 품은 길이 19미터, 너비 15미터의 구룡소와 함께 절구 모양의 돌확이 이중으로 겹친 쌍확소, 종바리처럼 생긴 바리폭포, 은선대·칠보대와 같은 전망대가 있다. 구룡소의 달팽이 모양의 돌확들도 기이하게 생겼지만 외금강에서 이름 있는 전망대인 은선대에서 십이폭포를 바라보는 경치는 외금강 최고 절경의 하나이다. 효운동에서 내무재령을 거쳐 내금강의 만폭동으로 가는 길이 있는데, 항상 새벽 구름에 잠겨 있어서 효운(曉雲)이란 이름을 얻었다고 한다. 『금강산도권』의 이 장면에는 상류에서 계곡을 따라 소로를 내려오는 행려객 한 명 외에는 인적이 없어서 깊은 계곡의 외진 느낌이 잘 전해진다.

[그림 45] 작자 미상, 「효운동」, 『금강산도권』, 19세기, 국립중앙박물관

9
외선담, 금강골에 띄워진 세 척의 배

구연동에는 흰비단폭포, 두줄폭포, 구연폭포, 구연계절폭
포 등이 있는데 금강산에 첫손에 꼽히는 3개의 선담이 유
명하다. 소의 아래 암벽에 선담(船潭)이란 글자가 새겨져
있다. 소의 모양이 배를 닮았다고 해서 그런 이름을 얻게
되었는데, 내금강 만폭동 내팔담 중의 하나인 선담과 구분
하여 외선담이라 부른다. 이 소들에는 각각 곧은 폭포가 걸
려 있어 한층 더 그윽하고 아름다운데 그중 가운뎃소가 가
장 아름답고, 아랫소가 가장 크다(길이 23미터, 너비 8미
터, 깊이 4미터). 김홍도를 따라 그린『금강산도권』은, 가장
큰 아랫소에서 윗소를 바라본 장면을 포착하고 있다.[그림
46] 이 그림에서는 김홍도와 김응환으로 짐작되는 두 명의
선비와 시동이 못 가에서 풍경을 즐기는데, 숲은 벌써 가을
색이 완연하다.

[그림 46] 작자 미상, 「외선담」, 『금강산도권』, 19세기, 국립중앙박물관

더 읽어 보기: 앞서간 사람들의 발자취

국토를 순례하며 명산대천을 유람하는 풍속은 일찍이 신라의 화랑도까지 거슬러 올라갈 수 있다. 이들은 금강산의 이곳저곳에 자신의 이름과 함께 전설을 남겼다. 최근 울진 성류굴의 바위에서 당시 화랑들이 다녀간 때와 자신의 이름을 새긴 암각서가 발견되어 금강산을 다녀간 화랑 이야기도 단순한 전설이 아님을 알 수 있게 되었다.

고려 후기에 대두한 신진 사대부는 자신들이 유람한 명승고적에 대한 구체적인 기록을 남기기 시작하여 조선 시대 유람과 기행 문학 성행의 토대를 쌓았다. 안목이 높았던 선비들이 유람하고 이를 기록으로 남긴 전국의 명산 중에서 가장 인기가 높았던 것이 바로 금강산이었다. 현전하는 유람 기록만 해도 170여 편이 넘는 것으로 알려져 있다.[1]

1   경상대학교 경남문화연구원, 『금강산유람록 1』, 민속원, 2016, 372면

기행문은 금강산을 찾는 이들에게 금강산의 역사와 문화를 알려 주는 귀중한 자료이자 좋은 안내서가 되어 주었다.

조선 시대 대표적인 기행문으로는 세조(재위 1455~1468)의 관동 지방 순행기인 『어가동순록』이 있다. 1466년 3월 16일부터 40여 일간 세조가 왕비와 함께 여러 사찰과 금강산 온천을 유람한 여정이 실려 있다. 이 순행기는 금강산의 절경을 소개한 다른 기행문과는 달리 조선 시대 최고의 권력자였던 왕의 행차가 어떠한 여정을 밟았는지를 기록하고 있다는 점에서 흥미롭다.[2]

남효온(1454~1492)의 『금강산기』에는 그가 1485년 4월 15일부터 금강산과 관동 지방 명승지를 유람한 여정이 날짜별로 기록되어 있다. 4월 15일 서울을 출발한 남효온은 22일에 통천군에 도착해서 다음 날 촉성정을 둘러본 다음 고성 온정에 도착하여, 외금강을 돌아보았다. 그 후 내금강의 묘길상, 불지암, 만폭동, 보덕굴, 표훈사, 정양사, 장안사 등 사찰들과 명소들을 유람한다. 이 기행문은 금강산 탐승길에 있는 명소와 사찰의 지리적 위치를 구체적으로 밝히고 있을 뿐 아니라, 지명의 유래와 유적, 유물들에 깃들

2   문성렵·리용준·지성철, 『금강산의 력사와 문화』, 사회과학출판사, 2004, 169~170면

어 있는 전설들도 소개하고 있어서 금강산의 역사와 문화를 알 수 있는 소중한 자료이기도 하다.[3]

율곡 이이(1536~1584)가 19세였던 1554년 금강산을 유람한 후 기행시 형식으로 금강산 여행길의 아름다움을 노래한 『풍악행』도 있다. 1711년 4월 11일부터 17일까지 7일간의 금강산 유람기를 적은 『유금강록』은 법종(1670~1733)이 쓴 것인데, 이전에 말이나 가마를 타고 금강산을 여행하던 선비들과는 달리 도보로 걸으면서 금강산을 둘러본 여행기이다. 이 때문에 앞선 금강산 탐승기에는 없었던 백정봉, 비로봉, 구룡연 구역에 대한 자세한 여정을 밝히고 있어서 주목된다. 18~19세기에는 이 외에도 많은 기행문들이 창작되었다.[4]

금강산 탐승은 일제 강점기에도 멈추지 않았다. 특히 일제는, 평생 한번이라도 금강산에 가보고 싶어 하는 우리 국민들의 작지만 큰 소망을 식민지 통치에 활용하기도 했다. 〈그렇게 좋다는 금강산에 당신은 가본 적 있는가? 이제는 갈 수 있다〉는 자극적인 광고 문구와 함께 금강산 여행 상품을 내놓았다. 일제는 한반도로부터 자신들의 경제적 이

3　앞의 책, 170면
4　앞의 책, 170~173면

득을 수탈하려고 철도를 놓는 작업부터 착수했다. 그러한 의도를 숨기기 위해 적극적으로 유포시킨 담론이 〈식민지 근대화론〉이었는데, 이러한 식민사관을 어떻게 〈조선인〉들에게 주입할 것인지가 숙제였다. 이를 위해 〈금강산 탐승 욕망〉을 자극했던 것이다.

이 시기 일제가 적극적으로 홍보한 금강산 관광 상품은 서울에서 기차를 타고 원산으로 가는 여정으로 시작한다. 1910년대 한반도의 사람들이 〈기차〉라는 교통수단을 탔을 때의 느낌은, 우리가 태어나서 처음으로 비행기를 탔을 때의 경험과 유사한 시공간의 충격을 우리 몸에 각인시켰을 것이다. 서울에서 강원도까지 가기 위해서 여러 날이 걸렸던 시간 개념에 익숙한 사람이, 기차를 타고 순식간에 목적지에 도착했을 때의 놀라움을 생각해 보라. 24시간 안에 움직일 수 있는 공간 개념이 달라지는 것을 체험시키기 위해, 일제는 〈금강산에 가보자〉는 슬로건으로 사람들을 유혹했던 것이다. 달라진 시공간을 몸소 체험케 한 후, 일제는 〈조선인〉들에게 〈이것이 근대다. 이 근대화를 만든 것이 일본이다〉라는 식민지 근대화론을 유포시켰다. 일제의 한반도 강점을 정당화하려는 의도였다. 일본의 식민지 문화 정책은 이토록 교묘하게 우리 내부에 침투하여 우리를 파괴시키는 데 복무했다.

사실 철도 건설은 일제 강점기 이전 대한제국기에 우리가 먼저 시도했었다. 동도서기의 기치 아래 근대화를 모색하던 대한제국기에서도 일찍이 철도에 주목하고 있었지만, 열강들의 쟁탈전 속에서 꿈을 이루지는 못했다.

1930년대가 되면 일제는 금강산을 관광 지구로 변모시키는 일에 더 관심을 가졌다. 온천을 만들고, 일본식·서구식 호텔들을 만들어 일본인과 외국인에게도 적극적으로 관광 올 것을 홍보했다. 이토록 명산이자 불국토인 금강산을 가진 한반도를 식민지로 둔 자신들을 홍보하려는 제국으로서의 야망과, 경제적 이득을 위한 행보였다.

그러나 이러한 일본의 문화 정책 아래에서도 금강산에 간 선조들은 그곳을 걷고, 곳곳을 스케치하며 금강산의 역사성을 다시금 몸으로 체득했다. 그렇게 빼앗긴 조국 산천의 아픔을 노래하고 그림으로 남겼다. 화가 조석진이 금강산을 그렸고, 화가 이상범과 변관식도 그랬다. 해방 이후 분단으로 금강산에 갈 수 없게 되자, 이상범과 변관식은 일제 강점기에 그려 놓은 금강산 스케치를 토대로 민족혼을 쏟아냈다. 그 순간 그들이 화가로서 절정에 도달했다는 사실을 그 작품들이 증언하고 있다.

누워서 유람하는 해금강

해금강은 강원도 통천군 국도로부터 고성군 영랑호와 감호, 화진포까지 외금강의 동쪽에 펼쳐진 아름다운 호수와 해안 및 바다 절경을 포괄한다. 해금강은 크게 삼일포 구역, 해만물상 구역, 총석정 구역, 동정호 구역 등 4개의 명승 구역으로 나눈다.

1
삼일호, 사선의 풍류를 기억하다

삼일포 구역은 삼일포와 호수의 섬들, 기슭에 있는 장군대와 연화대, 봉래대 그리고 몽천과 금강문(석선문) 등 명승을 포괄한다. 예로부터 관동팔경의 하나로 이름 높은 삼일포는 온정리에서 동쪽으로 12킬로미터 떨어진 후천(북강)의 서쪽 기슭에 자리 잡고 있다. 강물이 실어 온 흙모래에 의해 막혀서 이루어진 바닷자리 호수(석호)인 삼일호는 넓이는 0.87제곱킬로미터, 둘레는 8킬로미터로서 남북 방향으로 길게 놓여 있다.

삼일호는 신라의 사선(四仙)이 3일간 머물며 놀았다는 전설을 갖고 있다. 호수의 기슭은 굴곡이 많아 푸른 산이 푸른 물을 안은 듯하고, 모란꽃 같은 36개 봉우리를 비껴 담은 맑고 푸른 호수 가운데는 소가 누운 모양이라 해서 와우섬이라는 별명이 붙은 솔섬이 있다.

[그림 47] 정선, 「삼일호」, 『신묘년 풍악도첩』, 1711년, 국립중앙박물관

이곳에서 공부했던 양사언은 삼일호를 이렇게 읊었다.

鏡裏芙蓉三十六　거울 속에 피어 있는 연꽃 송이 서른
여섯
天邊鬟髻萬二千　하늘가에 솟아오른 봉우리는 일만 이천
中間一片滄洲石　중간에 놓여 있는 한 조각 바윗돌은
合着東來海客眠　동해 찾은 유람객 잠깐 쉬기 알맞구나

　　　　　　　　3부 누워서 유람하는 해금강

1711년 이곳을 여행한 정선의 그림을 보자.[그림 47] 삼일호의 서쪽에서 멀리 동해 쪽을 조망한 장면이다. 화면 오른편의 남쪽에서 말 탄 유람객과 시종 4명이 나루터에 이르며 탄성을 지르고 있다. 호수 서쪽에 해당하는 화면 근경에는 〈영랑도남석행(永郎徒南石行)〉이라는 붉은 글자가 새겨져 〈단서암(丹書巖)〉으로 불리는 바위와 침향을 묻은 것을 기념하여 세운 〈매향비〉가 선명하게 기록되어 있다. 현재 글씨는 물이 적은 가을철에만 볼 수 있고 매향비는 세웠던 흔적만 남아 있다.

단서암 인근 기슭의 바위에는 〈봉래시(蓬萊詩)〉라고 씌어 있는데 이곳에서 공부한 양사언이 글공부를 했다는 봉래굴과 양사언의 시가 새겨진 바위벽을 가리킨 것이다. 화면 중앙 호수 한가운데는 네 그루의 소나무가 있는 솔섬과 네 신선이 유하주(流霞酒)를 마시고 놀았다는 전설을 기념한 〈사선정〉 터의 작은 바위섬이 겹쳐 그려져 있다. 현재와 달리 정자가 작은 사선정 바위섬이 아니라 중앙의 와우섬에 세워진 모습이다. 화면 왼편, 즉 호수 북측으로 눈을 돌리면 네 신선들이 춤을 추었다 해서 〈무선대(舞仙臺)〉라고 불리는 누에 모양의 바위섬과 그 위의 매향비가 그려져 있다. 다시 그 너머 기슭으로는 지금은 터만 남은 〈몽천암〉이

[그림 48] 정선, 「고성 문암에서 본 일출」, 『신묘년 풍악도첩』, 1711년, 국립 중앙박물관

보이는데 꿈속에 백발노인이 일러 준 자리에서 솟아난 샘물로 일 년 내내 마르지 않아 몽천(夢泉)이란 이름을 얻었다고 한다.

몽천 뒤로는 〈문암〉이라고 쓴 바위가 보이는데 천연으로 이뤄진 삼일포 금강문을 지칭한다. 문암 뒤쪽으로는 삼일호와 멀리 고성 앞바다까지 탁 트인 파노라마가 펼쳐지고 있다. 정선은 이 장면이 인상 깊었는지 고성 문암에서 본 일출 장면만을 따로 그리기도 했다. [그림 48] 어쨌든 정선은 삼일포와 주변의 명승과 그 사연을 효과적으로 한 장의 그림으로 압축하여 후대 삼일포 이미지의 전형을 만들었다.

2
해산정, 바다와 산을 함께 품다

삼일포에서 동쪽으로 되돌아 나와 북강을 건너면 강과 바다에 둘러싸인 섬 등 여러 개의 명소들을 가지고 있는 구읍리, 즉 옛날의 고성 읍치에 이른다. 금강산에서 나온 강줄기는 옛 고성 읍치 앞에서 갈라져 구읍리를 둘러싸며 동해로 흘러가는데 남북으로 갈라진 강을 각각 적벽강과 북강으로 부른다. 해산정은 고성 읍치에서 삼일포와 외금강으로 출입하는 서쪽의 문에 난 정자로 산과 바다를 다 볼 수 있다고 하여 해산정(海山亭)이라 명명되었다. 대호정은 관동팔경을 따라 동해안을 오른 유람객이 간성에서 고성 읍치로 들어서면 지나게 되는 남쪽 방향의 정자이다. 현재 해산정 터 절벽에는 그 누군가가 해산정을 자랑하여 〈천하명승을 한곳에 모아 놓았는가, 산과 바다 사이에 있는 신선의 집은 다름 아닌 여기로다〉라고 읊은 시구가 새겨져 있다.

[그림 49] 정선, 「해산정」, 『신묘년 풍악도첩』, 1711년, 국립중앙박물관

예전에는 관동 10경으로 일컬어지기도 했으나 20세기 전에 이미 황폐해졌다.

정선은 「해산정」에서 「삼일호」와 반대로 동해의 해금강 쪽에서 서쪽의 외금강 방면을 조망하고 있다.[그림 49] 좌측 최근경에는 칠성봉이라고 쓴 7개의 사람 모양의 바위가 백색 안료로 그려져 있는데, 유점사 53불과 싸우다가 이곳에 귀양 와서 굳어졌다는 사공바위와 북두칠성처럼 널린 칠성바위를 나타낸 것이다. 이 바위들은 해산정에서 보면 은빛으로 빛난다고 하여 설암(雪巖)이라고 불리기도 한다. 화가의 위치는 오른편 거북이 모양의 동구암으로 설정되었다. 동구암의 바위 앞면에는 〈동구암(東龜巖)〉이라고 초서로 새겨 놓았고 뒷면에는 18세기 중엽에 쓴 〈배일암(排日巖)〉이라는 세 글자가 깊이 새겨져 있다. 동구암은 동해의 장엄한 해돋이 구경용이기도 했던 것이다.

북강을 건너 안개 자욱한 고성 읍치가 화면 중앙에 들어온다. 화면 좌측, 즉 읍치의 남측으로는 남강을 사이에 두고 우진각 지붕의 대호정과 건너편의 적벽바위가 그려져 있다. 이 강은 바위 이름을 따서 적벽강이라고 부르기도 한다. 시선을 화면 오른편으로 돌리면 삼일포와 외금강으로 나가는 서문이 있고 그 한쪽에 거북바위(서구암)를 등지고

[그림 50] 김홍도, 「해산정」, 『해동명산도 초본첩』, 1788년경, 국립중앙박물관

팔작지붕의 해산정이 위용을 드러내고 있다. 읍치의 관아
는 따로 기록을 안 하고 있으나 중앙부의 버드나무에 둘러
싸인 일련의 팔작지붕 건축물이 그것이다. 화면 뒤쪽으로
는 서쪽 방면으로 외금강의 여러 봉우리가 병풍처럼 펼쳐
져 있다. 해산정의 풍취를 표현하면서도 지도와 같은 정확
함과 일관성을 유지하고 있다.

  김홍도 역시 삼일포를 보고 내려오는 길에 정선이 그린
동일한 위치에서 문득 뒤돌아 해산정을 그림으로써 대가
에 대한 존경과 기념의 뜻을 표시했는데,[그림 50] 그 정도
로 정선의 「해산정」은 후대에 많은 영향을 미친 그림이다.

3
해금강, 바다 만물상의 절경에 빠지다

해만물상 구역은 삼일포에서 약 6킬로미터, 구읍리에서 4킬로미터 정도 떨어진 수원단으로부터 남쪽의 구선봉과 감호에 이르는 해금강리, 구읍리, 고봉리의 바닷가와 앞바다를 포괄하는 지역이다. 금강산을 그대로 바다에 옮겨 놓은 듯한 해금강은 출렁이는 푸른 파도, 흰 모래사장과 주변의 솔숲, 기이한 층암절벽과 선돌들, 그리고 그 위를 나는 갈매기 등으로 인상적이다.

해금강 유람은 구읍리나 삼일포를 떠나 해금강리의 수원단에서부터 남쪽으로 내려오면서 할 수도 있고 구읍리를 떠나 배를 타고 적벽강의 경치를 보고 바다로 나올 수도 있다. 해금강의 풍경을 가장 먼저 그린 것은 심사정 (1707~1769)으로「해금강 갈매기와 돛단배」는 넘실대는 파도 한가운데 어지러이 흩어져 있는 입석암들과 그 위에

[그림 51] 심사정, 「해금강 갈매기와 돛단배」, 18세기, 국립중앙박물관

떼로 날아다니는 물새들을 특징적으로 포착해 냈다.[그림
51] 이 장면은 아마도 해만물상 남쪽의 이름 없는 돌섬을
그린 것으로 보인다.

심사정보다 한 세대 뒤에 활동한 김홍도는 관동팔경의
세부적인 명승과 함께 해금강의 가장 전형적인 이미지를
포착했다. 그는 바다로 직접 나가 배를 타고 해만물상의 이
곳저곳을 본격적으로 탐승하고 기록했다. 당시 그가 그렸
던 스케치를 보자.[그림 52] 마치 계단 돌처럼 표현된 기암

[그림 52] 김홍도, 「해금강전면」, 『해동명산도 초본첩』, 1788년경, 국립중앙박물관

절벽이 우뚝우뚝 서 있는 가운데 세찬 파도가 암벽에 이리저리 부딪치며 포말을 일으키고 있다. 여기에 한 척의 배가 김홍도와 김응환으로 보이는 두 명의 탐승객을 태우고 협곡을 일주하고 있는 모습이다. 김홍도가 그린 것으로 전하는 다른 화첩들의 다소 경직된 필선과 비교할 때 이 초본첩의 해금강은 단순한 암석만으로 이뤄졌음에도 불구하고 필선의 속도와 굵기, 농도에서 모두 변화가 풍부할 뿐만 아니라 용수철과 같은 탄력과 긴장, 생동감을 갖추고 있어서 찬탄을 자아낸다. 특히 필선의 속도감과 운필의 생동감은 이것이 이미 완성된 작품을 그대로 본떠 옮긴 것이 아니라,

[그림 53] 김하종, 「해금강」, 『해산도첩』, 1816년, 국립중앙박물관

실경을 완전히 파악한 뒤 신수상응(神手相應)의 경지에서
손이 가는 대로 내맡겨 그린 것임을 깨닫게 한다.

김하종 같은 19세기 화가들은 김홍도가 제시한 이미지
를 받아들이거나 새로운 시도를 하거나 양자택일할 수밖
에 없었지만[그림 53], 어느 누구도 김홍도가 창조해 낸 몽
환적이면서도 기운 생동한 경지를 넘어서지는 못했던 것
으로 보인다.

3부 누워서 유람하는 해금강

4
영랑호, 화랑 영랑의 전설이 깃든 호수에
기러기 날아 앉다

구읍리에서 적벽강을 건너 그 기슭을 따라 4킬로미터 정도 가면 왼쪽으로 바다가 안겨 오고 오른쪽에는 마람이봉, 남쪽에는 구선봉과 같은 아름다운 산들이 솟아 있다. 또한 그 기슭의 잔잔한 야산들 가운데 〈영랑호〉라는 호수가 있는데, 이곳은 옛날 영랑이라는 신선이 놀고 갔다고 하여 영랑호라는 이름을 얻었다. 영랑호는 둘레 10리 정도의 바닷자리 호수이다. 금강산 동쪽에 위치한 천연 호수로서 나지막한 야산에 둘러싸여 있으며 바닷가 백사장과 솔숲, 호수가 어우러져 뛰어난 경치로 유명하다. 현재 속초에도 동일한 명칭의 호수가 있지만 고성의 영랑호가 원조이다.

김홍도가 정조의 어명을 받아 금강산 여행을 하면서 영랑호를 처음으로 그렸는데, 간성에서 고성으로 올라와 현종암을 먼저 보고 난 뒤 서쪽으로 금강산 방향을 조망하고

그린 것이다. 호수 가운데로 뻗어 내린 야산 줄기가 머리를
쳐들고 호수를 반달 모양으로 갈라놓고 있는데, 이 산줄기
는 기러기의 머리, 양쪽 야산은 날개를 펼친 것 같다. 마치
기러기가 호수에 내려앉는 모습에 비유되기도 하는 영랑
호의 특징을 잘 포착했다. 그는 느긋한 필선으로 영랑호와
그 너머 감호 등 주변의 수변을 묘사하고 멀리 운무를 뚫고
보이는 금강산은 새끼줄이 풀리는 듯한 모양의 필법으로
묘사하여 질감에 변화를 주었다. 유리 같이 맑은 호수와 인
적 없는 안온함이 얼마나 인상적이었던지, 김홍도는 후에
이 장면만을 따로 그리기도 했다. 총 75면의 『금강산도권』
에는 김홍도가 이때 그린 화풍이 그대로 녹아 있다.

5
현종암, 53불과 범종을 실은 배를 묶어 두다

영랑호에서 동해 방향으로 300미터쯤 떨어진 지점, 아찔한 벼랑이 바다에 뿌리를 담그고 서 있는 모습이 마치 종을 걸어 놓은 것 같다 하여 현종암이라 명명된 큰 바위 기둥이 있다. 전설에 의하면 53불이 월지국에서 도착했을 때 이를 알리는 종소리가 울렸다 한다. 바위 앞면에 나무아미타불이란 글씨가 새겨져 있으며, 바다 쪽으로는 53불이 타고 온 배가 엎어져 생겼다고 하는 배바위와 사공이 우뚝 서 있는 듯한 사공바위가 있다. 현종암에는 지금도 당시 배를 맸던 밧줄 자리가 선명하게 남아 있다고 한다.

김홍도는 간성에서 고성으로 진입하며 현종암 남쪽에서 북쪽으로 해금강을 조망하는 방향에서 이 장면을 스케치했다.[그림 55] 현종암 위에 2명의 탐승객이 2명의 시종과 함께 올라 북쪽 방향으로 필기체 E 자 모양을 그리며 활처

[그림 55] 김홍도, 「현종암」, 『해동명산도 초본첩』, 1788년경, 국립중앙박물관

럼 휘어지며 멀어지는 해안과 그 너머 통천 앞의 해금강을 감상하고 있다. 현종암 바로 앞의 백사장은 높은 곳에서 내려다보는 조감법을 택했으나 멀리 고성과 통천 쪽의 해금강 쪽과 솔숲이 이어진 삼일포는 수평선을 가로 방향으로 둘러보는 평원법을 사용하여 서양 투시법과 유사한 시각적 효과를 내고 있다. 붓을 뉘어 점점이 줄지은 송림을 묘사했고 해안의 둔덕은 느긋하게 붓을 끌어 맑은 날 해변의 풍광을 안온하게 묘사했다.

6

구선봉과 감호, 선녀와 나무꾼의 명소가 분단되다

영랑호에서 바닷가를 따라 5리 정도 남진하거나 화진포에서 휴전선을 넘어 북진하면 육지 쪽으로 둘레 약 3킬로미터, 깊이 2미터 정도 되는 호수가 보이는데 이것이 감호이다. 잔잔하고 맑은 물, 백사장과 울창한 소나무 숲, 향기 그윽한 꽃 등 명소의 요소를 갖추었을 뿐만 아니라 아름다운 구선봉에 안겨 있어서, 삼일포, 시중호, 동정호와 어깨를 나란히 하는 명승으로 이름을 떨쳤다. 구선봉은 아홉 명의 신선이 바둑을 두고 놀았다는 전설이 있으며 정상에 바둑판이 그려진 평평한 바위가 있다. 남측의 통일 전망대에서 보면 낙타 등처럼 보인다고 해서 낙타봉이라고도 부른다.

감호가 명승지로 유명해진 것은 16세기의 명필가인 양사언이 감호 북쪽 기슭에 1564년부터 비래정(飛來亭)을 짓고 살았기 때문이다. 그는 다음과 같이 읊었다.

[그림 56] 작자 미상, 「감호」, 『금강산도권』, 19세기, 국립중앙박물관

海入壺中地	바다는 별천지로로 들어가고
樓居水上天	누정은 물 위 하늘에 떠 있네
靑浮雙玉筍	푸르게 떠 있는 것은 쌍옥순이고
紅折萬金蓮	붉게 꺾인 것은 만금의 연꽃이네
煉汞龍吟鼎	수은을 달구니 용은 솥에서 울고
餐霞骨已仙	안개를 먹으니 뼈는 이미 신선이네
君招黃鶴酒	그대가 황학을 불러 술을 마시면
吳與白鷗眠	나는 흰 갈매기와 더불어 잠에 들리라.

양사언이 경치 좋은 곳에 감호당을 짓고 〈비래정〉이라
는 편액을 쓰기 위해 온갖 정력을 쏟아부었으나 오직 〈날

비(飛)〉 자만 완성할 수 있었고, 그가 죽은 후 벽에 걸었던 〈비〉 자를 쓴 족자마저 하늘로 날아가 없어지고 말았다고 한다.

감호에서 휴전선을 넘어 남쪽으로는 〈꽃피는 나루〉라는 뜻에서 명명된 화진포라는 호수가 있다. 남북 방향으로 길쭉한 둘레 11킬로미터의 호수 동쪽으로는 흰 모래부리에 소나무가 우거지고 서쪽으로는 기묘하게 생긴 산들이 여기저기 얼굴을 내밀어 아름다운 풍치를 이루고 있다. 남북 방향으로 서서 보면 한편은 바다, 다른 한편은 호수의 아름다움을 모두 즐길 수 있다. 김일성, 이승만, 이기붕 등 남북 권력자들의 별장이 이곳에 위치하여 유명하다. 구선봉과 감호는 「선녀와 나무꾼」 전설의 무대이지만 군사분계선에 인접하여 남쪽도 북쪽도 오가기가 쉽지 않다. 아쉽게도 현재 통일 전망대에서 망원경으로만 감상할 수 있다.

7
총석정, 사선의 옥기둥 바다에서 솟아 하늘을 이다

총석정 구역은 통천군 앞바다의 국도와 시중호, 바닷가의 총석정, 금란굴 등 금강산 북부 지역의 바다 명승지들을 포괄한다. 여기에서는 모난 육각수정 기둥들을 묶어 세운 듯한 돌기둥들이 각이한 자세로 서 있는 경치와 그 안에 생긴 신비스러운 동굴들을 볼 수 있다.

총석정은 통천읍의 동쪽 앞바다에 자리 잡고 있다. 통천항에서 배를 타고 얼마쯤 가면 작은 반도의 기슭 약 1,000미터 구간에 우뚝우뚝 솟아 있는 총석정 무리들을 볼 수 있다. 『대동지지』에 따르면 총석정은 읍치로부터 북쪽으로 19리 떨어져 있으며 가로지른 봉우리가 바다로 나와 있고 벼랑에는 육면형의 옥을 깎아 세운 돌기둥이 열 지어 있다고 했다. 돌의 둘레는 사방 각각 한 척쯤은 되며 높이는 5~6길쯤이다. 언덕에서 10여 척 떨어진 곳에 돌 네 덩이가 물 가운

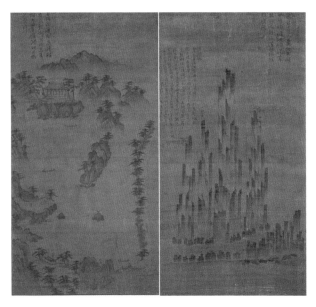

[그림 57] 작자 미상, 「총석정」, 16세기 후반, 국립중앙박물관

데 떨어져 서 있는데 사선봉(四仙峰)으로 불린다고 했다. 이 사선봉의 경치는 총석정의 으뜸이어서 예로부터 수많은 시인들과 문인들의 시의 소재가 되었고 전설을 낳기도 했다.

박지원은 총석정에서 해돋이를 노래했고, 김창협은 『동유기』에서 총석정에 이르러 〈내가 금강산을 보고 나서 반생 동안 보았다는 산들이 모두 흙더미, 돌무더기였음을 알았는데 지금 또 여기 와서는 반생 동안 보았다는 물들이 다

[그림 58] 정선, 「총석정」, 『신묘년 풍악도첩』, 1711년, 국립중앙박물관

도랑물, 소발자국 물이었음을 알겠구나〉라는 극찬을 내놓
았다.

그래서인지 최근 세상에 나온 가장 오래된 금강산·관동
팔경 그림도 총석정을 그린 것이다. [그림 57] 이 그림은 정
선이 금강산을 그리기 약 100년 전부터 본격적인 금강산·
관동팔경 그림이 그려졌음을 알려 주는 중요한 자료이다.
경포대와 함께 짝을 이루는데, 원래는 금강산 관동팔경 병

3부 누워서 유람하는 해금강

풍 중의 한 폭이었을 것으로 추정된다. 동해에서 육지 쪽을
조망하며 그렸는데, 화면 가운데 사선봉을 위시한 총석의
석주를 대담하게 배치한 파격이 눈에 띈다. 이렇게 바다에
서 총석을 바라보는 이미지는 18세기 허필과 20세기 김규
진(1868~1933)으로 계승된다.[그림 59] 한편 18세기 정선
은 바다를 배경으로 총석을 함께 조망하고자 육지 쪽에서
그리는 도상을 확립했는데, 김홍도와 여타 많은 화가들이
이를 따랐다.

　총석정은 이렇게 16세기부터 바다에서 본 이미지와 육
지에서 본 이미지 두 가지 계열의 서로 다른 도상이 병존해
왔던 것이다. 총석정 그림에서 흰 포말을 일으키는 파도를
맞으며 중심에 버티고 선 기둥이 사선봉인데, 16세기 총석

[그림 59] 김규진, 「총석정절경도벽화」, 1920년, 창덕궁 희정당

정은 현판 없이 초옥에 몰자비(沒字碑)가 곁에 있고, 18세기에는 팔작지붕을 인 가로세로 3칸의 규모로 인근 매향비가 분명히 표시되고 있다.[그림 58] 그러나 김홍도가 방문했던 18세기 말에는 이미 매향비는 보이지 않고 대신 그 자리에는 비석 받침만 남아 있다. 이들 그림에는 총석정의 역사가 담겨 있다.

북한의 미술은 사실주의 미술론에 토대를 두고 발전했고, 창작 방법 역시 직접 보고 그린 사생이 토대이다. 북한의 화가들은 조국애를 키우기 위해 조국 산천을 그리는 것을 강조한다. 이에 따라 그림의 소재가 대체로 백두산과 금강산이다. 거의 모든 미술가들이 금강산에 스케치 여행을 다녀왔다고 해도 과언이 아니다. 선우영도 그러했다.

백두산은 시대의 변천에 따라 김일성 봉우리, 김정일 봉우리, 김정숙 봉우리가 명명되고 이들 김일성·김정일·김정숙을 백두 3대 장군이라고 부르는 등, 북한의 정치 이데올로기가 적극적으로 투영되어 왔다. 반면 금강산을 소재로 한 미술품들은 조국 산천의 아름다움을 통해 조국애를 표상하는 데 더 집중해 왔다.

최상건이 그린 「촉성정」은 총석정이 주는 자연의 실재적

[NK 그림 16] 최상건, 「총석정」, 2000년

아름다움과 함께 회화적 표현의 재미가 공존하는 작품이다. 우리의 시선은, 화면 중앙에서 따사로운 햇볕을 받고 있는 총석정 바위의 실재감에 꽂힌다. 화가는 직선으로 쪼개진 듯 집적되어 있는 총석정의 물질적 특성이 주는 아름다움에 감상자가 감탄할 수 있도록, 조명을 비추듯 햇빛의 방향을 설정해서 바위의 디테일이 살아나도록 화면을 구성하고 있기 때문이다. 이 효과는 촉석정의 나머지 부분을 어둡게 처리해서 물러나게 함으로써 극대화되고 있다. 그 오른쪽 옆에는 하늘로부터 내려오는 구름이 총석정을 덮어 내리고 있다. 그 결과 총석정을 평면화시켜서, 화면 중앙의 우

뚝 솟은 바위와 조응하며 화면 안에 리듬감을 담아내고 있다. 이를 통해 화가 최상건은 눈앞에 보이는 자연에 대한 경외감과 이를 느끼는 화가로서의 감응을 회화적으로 표현해내고 있다. 이는 산수화가 우리에게 주는 또 다른 매력일 것이다.

8
천도, 통천삼도를 이끌고 바다에 떠오르다

총석정에도 돌다리와 부부암, 거북바위 등 기암들이 산재한다. 총석정 서북쪽으로 가면 천도, 동덕도, 사도 등 〈통천삼도〉가 뚜렷이 보인다. 그중 한복판에 구멍이 뚫렸다는 천도는 둘레가 20여 리밖에 안 되는 바위섬이지만 육지에서도 자라기 힘든 전죽이 무성하게 자라고 있어 특이한 경치를 이루고 있다.

그림을 보면 거센 파도가 통천삼도의 벼랑에 부딪혀 부서지는 가운데 두 명의 선비와 사공 한 명을 태운 유람선이 접근하고 있다.[그림 60] 오른편에 동그란 구멍이 뚫린 천도를 비롯해서, 동덕도, 사도 등 통천삼도가 담홍과 담록으로 표현되어 있다.

[그림 60] 작자 미상, 「천도」, 『금강산도권』, 19세기, 국립중앙박물관

9

금란굴, 불로초를 탐낸 해적선을 침몰시키다

총석정에서부터 부드러운 모래부리가 누워 있는 기슭을 따라 걸으면 금란굴이 있는 금란리에 이른다. 총석정 끝에서 동남쪽으로 약7킬로미터, 배를 타고 갈 수도 있고 자동차를 이용하면 통천읍에서 통천 구읍을 돌아갈 수도 있다. 굴 안의 돌기둥이 빛을 내는 것이 마치 큰스님들이 입는 금란 가사의 황금색 단과 같이 보인다고 하여 〈금란굴〉로 불린다.

전설에 의하면, 보로국 왕이 외동딸의 병을 고치기 위해 해동국의 영산 금강산의 불로초를 얻으려고 해적선을 보냈는데 금란굴 입구에서 좌초했고, 현재 금란굴 입구 바다 밑에 엎어져 있는 배 모양의 바위가 그때 침몰된 해적선이라고 한다.

전설의 불로초로 유명한 굴은 높이 5~7미터, 너비

[그림 61] 작자 미상, 「금란굴」, 『금강산도권』, 19세기, 국립중앙박물관

3~4미터, 길이 14미터 정도로 굴 안의 돌기둥들이 수면에
까지 고드름처럼 매달려 지하 궁전을 연상케 한다. 이 돌기
둥들이 붉은색을 띠기도 하여 빛을 내는 것처럼 표현하기
도 한다.

3부 누워서 유람하는 해금강

10
시중대, 관동십경의 최북단을 찍고
이젠 집으로……

동정호 구역은 통천군 앞바다의 국도와 압룡단에서 통천 읍 사이의 금강산 북부 지역 명승지들을 포괄한다. 이 구역에는 국도와 동정호, 천아포, 시중호 등의 명소가 있다. 시중호는 원래 흡곡현으로서 총석정을 보고 15리를 북서쪽으로 이동하여 감상하곤 했지만, 현재는 통천군으로 행정구역도 바뀌었고 원산에서 버스로 금강산 내려가는 길에 들르곤 하는 곳이 되었다. 관동팔경에 흡곡 시중대와 고성 해산정을 더해 관동십경이라 부르기도 하는데, 이곳은 관동십경 중 최북단에 위치한 명승으로 꼽힌다.

시중대의 원래 이름은 칠보대였으나 한명회가 강원도 관찰사로 있을 때 이곳에서 연회를 베푸던 중 우의정 임명 소식을 들은 이후로 지금 이름으로 불리게 되었다. 시중호는 바닷자리 호수로서 둘레 11.8킬로미터, 넓이 3.08제곱

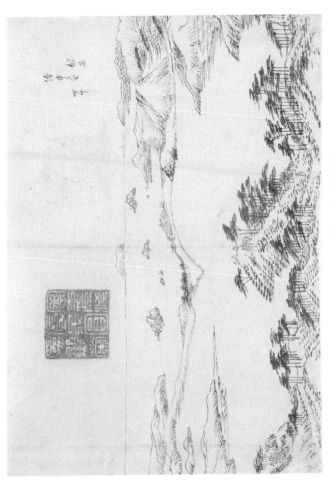

[그림 62] 김홍도, 「시중대」, 『해동명산도 초본첩』, 1788년경, 국립중앙박물관

킬로미터, 깊이 3.5~6미터 정도이다. 얼핏 바다와 잇닿아 있는 것처럼 보이며 달밤의 시중호 풍경이 특히 유명하다.

시중대를 그린 화가는 많지 않다. 김홍도의 스케치는 시중대 터에서 시중호와 백사장, 그리고 바다를 조망하는 그림이다.[그림 62] 바다 위의 세 개의 큰 섬 중에서 가장 왼쪽이 마도이다. 멀리서 솔숲 길을 따라 혈혈단신 시중대로 오르는 탐승객은 여기까지 그들이 겪은 고난을 비유하는 듯하다. 시중대에는 두 명의 탐승객이 한 명의 시동을 데리고 앉아 멀리 바다의 수평선을 바라보고 있고, 그들 뒤쪽으로는 그들이 타고 갈 말과 마부가 대기하고 있다. 관동팔경의 북쪽 끝단에서 이제 반환점을 돈 여정을 생각하며 되돌아갈 채비를 하는 유람객의 차분하게 가라앉은 분위기와 아쉬움이 생생하게 전해지는 듯하다.

다시 금강산을 꿈꾸며

2일 째 되던 날 밤, 같이 여행 온 분들께 〈그림으로 보는 금강산 와유〉에 대해 강연했다. 그러고 나자, 드디어 긴장이 풀렸는지 대동강 맥주를 즐길 수 있었다.

맥주를 마실수록 더욱 또렷해지는 얼굴들이 있었다. 낮에 금강산에서 만난 화가들이었다.

외금강에 올라갔다가 내려오는 길에 문득 보니, 미술품 전시대가 눈에 띄었다. 요즘 북한 화가들은 어떤 그림을 그리나 궁금해져서 발길을 돌렸다. 정기적으로 미술품을 판매하는 건물이 아니라, 외벽에 그림을 붙여서 전시하고 그 그림을 파는 임시 판매소인 것 같았다. 그림 앞으로 다가가자 판매를 돕기 위해 그곳에 나와 있는 남자가 다가왔다. 그림에 대해 이런저런 것을 묻기 시작했는데, 그 남자가 이 그림들이 자신이 그린 그림이란다. 그가 판매원이라고 생각하고 있던 나는 순간, 〈에이, 농담하지 마세요〉 하고 웃으면서 말했다. 그랬더니 그 남자는 옆에 있는 설명판을 가리키며, 그 사람이 자신이라고 말했다. 이 화가 설명판에는 출신 학교, 주요 이력과 함께 사진이 붙어 있었다. 그 화가의 모습이 이 남자였다. 순간 놀라서 소리를 지를 뻔했다.

북한 최고의 미술대학이라고 알려져 있는 평양미술대학교 출신 미술가들을 금강산에서 만날 줄은 정말이지 꿈에서도 상상해 보지 못했기 때문이다. 평양에 갔을 때도 못 만났던 이들을 이곳에서 그것도 우연히 만나게 되다니, 금강산에 정말로 관음보살이 살고 있는 것일까? 이 화가와 같이 그림을 보면서 이런저런 이야기를 나누게 되자 주변에 여러 화가들이 모여들기 시작했다. 모두 평양미술대학교 출신들이었다.

「그런데 여기 왜 계시는 거예요?」

내가 눈이 동그래져서 묻자, 서울에서 중요한 손님이 왔다고 해서 일부러 왔다며 농담을 던진다. 아마도 금강산 스케치를 하러 오지 않았을까 싶다. 마침 서울에서 관광객이 왔으니 자신들이 그린 금강산 그림도 판매할 겸 이곳에 와 있는 것이 아닐까.

〈평양미술대학교에서 무슨 과를 나오셨어요?〉 하고 묻

외금강에서 내려오는 길에 목격한 북한 화가의 미술품 전시대. 저자 촬영

자, 대뜸 〈조선화, 유화 다 그릴 수 있습네다〉라고 대답이 돌아왔다. 〈조선화를 전공하셨어요?〉 하고 물으니, 〈네. 유화도 그릴 수 있습네다〉 하고 1초도 머뭇거리지 않고 대답했다. 조선화든 유화든, 수채화든 주문만 하면 다 그려 낼 수 있다는 기세였다.

더 친해지고 싶어서였을까? 난 살짝 장난기가 발동했다.

〈이여성이라고 아세요?〉 나는 물었고, 나의 예상대로, 이여성을 아는 화가는 없었다. 대신 그들은 다른 월북 화가들의 이름을 말했다.

〈김기만은 알고 있습니다. 김기창의 아들 아닙니까?〉 이런 식이었다. 그럼에도 불구하고 내가 다른 화가들한테

나가며

〈이여성이라고 알아요?〉 묻기를 계속하자, 한 화가가, 〈잠시만 기다리십시오. 내가 알 만한 사람을 데리고 오겠습네다〉 한다. 그리고 그가 다른 화가를 데려왔다. 느낌은 더 젊어 보였는데, 깔끔한 옷차림이나 여유 있는 얼굴 표정에서 뭔지 모를 아우라가 느껴지는 사람이었다. 역시 평양미술대학교를 졸업한 화가였다. 유화를 주로 그린다고 했다.

〈이여성을 아세요?〉라고 묻자, 그는 안다고 답했다. 나는 속으로 〈어떻게 알지?〉 그의 말을 의심했다. 다시 〈이여성에 대해 어떻게 알아요?〉 묻자, 그는 책을 읽었다고 했다. 순간 나는 〈이 사람이 정확히 아는구나〉 알 수 있었다. 그래서 더 묻지는 않았다.

이여성은 일제 강점기 독립운동을 위해 헌신한 사람이다. 비합법 조직에서 독립운동을 했고, 공식적으로는 기자라는 직업으로 등장하기도 했다. 간송 전형필 선생처럼 우리 문화재가 일본인 손에 들어가는 것을 막기 위해 많은 미술 문화재들을 수집하기도 했고 안목도 깊었다. 그는 여운형과 함께 활동하다가 월북해서 김일성대학교의 역사학과 교수가 되었다. 일제 강점기 이여성은 독립운동 활동을 하면서도 일관되게 그림을 그리고 미술 비평을 했다. 또한 미술사학자로서 중요한 저작들을 남겼다. 조선 복식사에 관해 썼고, 이후 김일성대학교 교수로서 공예사, 건축사에 이르기까지 여러 권의 미술사 저작들을 남겼다.

북한에서 1950년대에서 1967년에 이르는 시기는 북한적인 미술이란 어떠한 방향으로 나아가야 하는가를 두고 치열한 논쟁이 벌어졌던 시기였다. 이 논쟁의 중심 논자 중 한 명이 이여성이었다. 결국 이여성은 논쟁에서 밀리면서 공개적으로 문제를 지적받게 되었고, 이후 공식적인 자리에서 완전히 사라졌다. 김정일 시대에 와서 김정일은 문인화를 복권하고 카프 활동도 인정하는 등 대대적인 복권을 단행했지만 이여성은 그렇게 되지 못했다. 지금까지도 북한 미술의 역사에서 이여성의 이름은 누락되어 있다.

묻고 싶은 이야기는 너무 많았지만, 나는 더 이상 그 화가에게 이여성에 대해 묻지 않았다. 대신 나는 〈남쪽에서 당신들이 그린 인상주의 풍경들을 많이 봤습니다〉 하고 그제야 인사를 건넸다. 그러자 그는 또다시 예상치 못한 대답을 했다.

「요즘은 그런 그림 안 그립니다.」

「그러면 어떤 그림을 그리시나요?」

새로운 형식 실험들을 하고 있는 듯했다. 그런 그림들을 미술가들끼리 이야기를 나누는 자연스러운 모임에서 토론해 보기도 하는 것 같았다.

우리 일행을 태우고 가야 할 버스가 나를 기다리고 있다는 전갈을 받았다. 나는 가볍게 몸을 돌렸다. 시간이 없다는 것이 많이 아쉽고, 묻고 싶은 이야기도 많았지만, 오늘 이미 충만했다고 생각했다.

생각지도 못한 만남. 금강산은 신묘한 산임에 틀림없었다. 이여성 선생은 오늘 밤 무덤에서 행복해하시겠지? 남과 북 모두에서 잊혔던 그를, 오늘 남한에서 온 나와 북한의 화가가 같은 시각 같은 장소에서 함께 기억했다는 것을 선생도 아시려나? 그의 무덤이 어디 있을지 알 길 없지만, 이곳이 신묘한 금강산이니 왠지 그 뜻이 전달될 것만 같았다. 버스를 타고 나오는 길 내내 마음이 묘했다.

너무 긴장해서 잊고 있었던, 내가 여행 중이라는 사실을 그제야 깨달았다. 여행이란 원래 그런 것인데 말이다. 계획대로만 되지 않고, 우연히 만난 현지인들을 통해 그 속에서 나를 돌아보게 되는 것.

3일째 마지막 여행지는 해금강이었다. 박지원이 그렇게 탄복했던 해금강에서의 일출을 보기 위해 새벽부터 움직였다. 일출 시 보이는 해가 멋있었다기보다, 일출 이전과

여행 마지막 날, 해금강에서 본 바위. 저자 촬영

이후 변화되는 빛에 따라 달라지는 해금강 바위들의 모습을 오래 기억하고 싶어서 눈에 꼭꼭 담았다.

저 바위들은 저곳에 저렇게 서서, 정선도 김홍도도 만났겠지. 이들은 모두 죽었다. 그러고도 저 바위는 독야청청 저 자리를 지키고 서 있다. 그리고 오늘 내 앞에 서 있다. 〈저 바위의 시간 개념 안에서, 저 바위에게 나란 존재는 하루살이처럼 보이지 않을까?〉 그런 생각이 들었다. 그들에게 나는 찰나를 살다 가는 존재로 보일지도 모른다.

분단이 된 지 벌써 70년이라는 세월이 흘렀다. 70년이라는 세월은 〈한 사람의 인생〉이라는 시간 개념으로 보면, 한 사람의 삶 전체에 해당하는 시간일 수 있다. 어마어마한 시

나가며

간이다. 그 시간 동안 서로 다른 이데올로기 속에서 살아간 남과 북의 사람들이 서로 많이 달라져 있다는 것은 어쩌면 당연한 일일 수 있다.

그러나 70년이라는 분단의 세월은 한반도의 역사 속에서 보면, 저 금강산의 시간 개념 안에서 보면 찰나일 수도 있겠구나, 그런 생각이 불쑥 들었다.

금강산 관광을 끝내고 다시 분단선을 넘자, 가장 먼저 휴대 전화를 돌려받았다. 휴대 전화를 부팅하자마자 버스 곳곳에서 메시지가 들어오는 소리들로 작은 소란이 인다. 다시 세상과 접속하는 순간. 그렇게 금강산에서 빠져나왔다.

그 후로 16년이 훌쩍 넘었다.

난 요즘 누군가가 내게, 〈자네는 요즘 통 산에는 안 가나 보네〉라는 말을 해올까 봐 겁이 난다. 그런 말을 듣기 전에 다시 금강산에 가야 할 텐데 조바심이 생긴다. 일상에 지쳐서일까? 사람에 지쳐서일까?

다시 자연과 우주의 조화를 느낄 수 있는 곳에서 관조하며 나를 돌아볼 시간이 절실하다.

금강산을 다시 걷고 싶다.

참고문헌

경상대학교 경남문화연구원,『금강산유람록 1』, 민속원, 2016

국립중앙박물관,『아름다운 금강산』, 국립중앙박물관, 1999

국립중앙박물관,『우리강산을 그리다: 화가의 시선, 조선시대 실경산수화』, 국립중앙박물관, 2019

국립중앙박물관,『한국서화도록 제26집 조선시대 실경산수 1』, 국립중앙박물관, 2018

국립춘천박물관,『우리 땅, 우리의 진경』, 국립춘천박물관, 2002

리용준·권승안,『금강산 개관』(평양: 사회과학출판사), 2004

리용준·김정설,『금강산 전설』(평양: 사회과학출판사), 2004

리용준·길영수,『금강산기행문: 중세』(평양: 사회과학출판사), 2004

문성렵·리용준,『금강산의 명승』(평양: 사회과학출판사), 2004

문성렵·리용준·지승철,『금강산의 역사와 문화』(평양: 사회
　　과학출판사), 2004

박은순,『금강산도 연구』, 일지사, 1997

유홍준,『나의 문화유산 답사기 5: 다시 금강을 예찬하다』, 창
　　비, 2011

『인민 예술가 정영만』(평양: 문학예술종합출판사), 2004

『인민 예술가 정창모』(평양: 문학예술종합출판사), 2004

지은이 **박계리** 이화여자대학교 미술사학과에서 박사 학위를 받았다. 국립 한국전통문화대학교 초빙교수, 홍익대학교 융합예술 연구센터 연구교수를 역임했으며 서울시 남북교류협력위원으로 활동하고 있다. 현재 통일교육원 교수로 재직 중이다.

시각 이미지 분석을 통해 사회의 내면을 포착하는 연구를 해오고 있다. 한반도에 진정한 평화가 오기 위해서는 남과 북의 주민들이 서로를 마음으로 받아들이는 공존의 공감력이 작동해야 한다고 믿고 있고, 그 과정에서 문화 예술의 역할에 주목하여 남북한 문화 예술과 사회 문화 교류에 관한 연구를 지속해 오고 있다.

저서로는 『모더니티와 전통론』(대한민국학술원 우수학술도서 선정), 『북한미술과 분단미술: 작품으로 본 북한과 우리 안의 분단 트라우마』, 『북한 패션의 변화와 금기』 등이 있고, 「백두산: 만들어진 전통과 표상」, 「김정은 시대 〈수령〉색 조각상 분석」 등 다수의 논문을 발표해 왔다.

손안의 통일 ⑩

그림으로 떠나는 금강산 여행

발행일 2020년 12월 30일 초판 1쇄

지은이 박계리
발행인 홍지웅·홍예빈
발행처 주식회사 열린책들

경기도 파주시 문발로 253 파주출판도시
전화 031-955-4000 팩스 031-955-4004
www.openbooks.co.kr

이 도서의 국립중앙도서관 출판예정도서목록(CIP)은 서지정보유통지원시스템 홈페이지(http://seoji.nl.go.kr)와 국가자료공동목록시스템(http://www.nl.go.kr/kolisnet)에서 이용하실 수 있습니다.(CIP제어번호: CIP2020052072)